Dieter Müller & Nils Henkel

Süddeutsche Zeitung Edition

Bibliothek der Köche

Dieter Müller & Nils Henkel

Text: Ingo Swoboda
Fotografie: Bernd Grundmann

Süddeutsche Zeitung Edition

Bibliothek der Köche

Sylt
Heiligendamm
Hamburg
Osnabrück
Leipzig
Köln
Bergisch Gladbach
Frankfurt am Main
Stromberg
Mainz
Bayreuth
Naurath/Wald
Nürnberg
Zweibrücken
Herxheim
Stuttgart
München
Tegernsee

BERGISCHES LAND

DIE BIBLIOTHEK DER KÖCHE

Dieter Müller & Nils Henkel **Bergisches Land**

Johannes King **Sylt**

Harald Rüssel **Mosel**

Martin Fauster **München**

Martin Göschel **Frankfurt**

Ali Güngörmüs **Hamburg**

Thomas Kellermann **Berlin**

Jörg Glauben **Pfalz**

Eric Menchon **Köln**

Alexander Herrmann **Oberfranken**

Frank Buchholz **Rhein-Main**

Tillmann Hahn **Mecklenburger Bucht**

Peter Maria Schnurr **Sachsen**

Bernhard Diers **Stuttgart**

Michael Fell **Oberbayern**

Thomas Bühner **Osnabrücker Land**

Andree Koethe **Mittelfranken**

Karl-Emil Kuntz **Mittlerer Oberrhein**

Johann Lafer **Hunsrück**

INHALT

INHALT

Suppen

INHALT

Fisch

Fleisch

INHALT

Gemüse

Desserts

GAGGENAU

Zwei Spitzenköche auf einem Weg: Dieter Müller und Nils Henkel bringen gemeinsam die kulinarischen Sterne zum Leuchten

DIETER MÜLLER
NILS HENKEL

Zwei Meister des guten Geschmacks

Wer in den Lerbacher Weg einbiegt, scheint im selben Augenblick die Hektik und Umtriebigkeit einer Stadt zu verlassen, die zu den kleinsten Großstädten des Landes Nordrhein-Westfalen gehört. Bergisch Gladbach, am östlichen Rand der Kölner Bucht gelegen, ist nicht nur das wirtschaftliche und kulturelle Zentrum des Rheinisch-Bergischen-Kreises, sondern auch Ziel für Gourmets aus aller Welt. Denn am Ende des Lerbacher Weges liegt, eingebettet in einen weitläufigen Park, Schloss Lerbach, das auf eine bewegte Geschichte zurückblicken kann. Ursprünglich als Rittergut gebaut, wurde es Anfang des 17. Jahrhunderts zu einem Renaissance-Schlösschen erweitert und mit einem Wassergraben umgeben. Mitte des 19. Jahrhunderts hielt der Klassizismus Einzug in das Gemäuer, Schloss Lerbach wurde im Stil englischer Herrenhäuser umgestaltet, später abgerissen und unter Verwendung zahlreicher Materialien der alten Anlage wieder aufgebaut. Aus dem Herrenhaus ist längst ein Schlosshotel geworden, die 52 Zimmer und Suiten im Lerbach sind mit allem Komfort ausgestattet. Doch der Luxus des Hauses ist von unaufdringlicher Eleganz, wirkt angenehm zurückgenommen und versprüht eher den Charme und Flair eines großzügigen Landhauses mit knisterndem Kamin und einem lautlosen, aber aufmerksamen Service. Ein klassisches, intimes Refugium für Stadtflüchtige

DIETER MÜLLER
NILS HENKEL

Handwerkliche Präzisionsarbeit: Für die perfekte Zubereitung muss jeder Handgriff sitzen

und Genießer, die das Besondere suchen und schätzen. Und für solche, die Gaumenfreuden von besonderer Qualität und Raffinesse genießen können.

Denn die Kunst der großen Küche hat hier ihren Auftritt, seit Eröffnung des Schlosshotels 1992 gehört das Gourmetrestaurant „Dieter Müller" zu den ersten Adressen Deutschlands. Eine bemerkenswerte Leistung, hinter der ein hoch qualifiziertes Team steht, das gleichberechtigt von zwei Spitzenköchen geführt wird. Altmeister Dieter Müller und sein Küchenchef Nils Henkel teilen sich wie kein anderes Kochduo in Deutschland die Arbeit und den Ruhm, jeder inspiriert das Team und interpretiert die angebotenen Gerichte auf seine Art und Weise: Henkel und Müller – jeder für sich ein Ausnahmekoch – ergeben zusammen in jedem Fall große Küche. Mit der im Januar 2005 eröffneten Kochschule unter dem Patronat von Dieter Müller bietet das Schlosshotel eine weitere Attraktion für Genießer und lädt zu vielfältigen Arrangements rund um das Thema Kochen ein.

Für Müller ist dieses Thema Lebenselixier, Bestimmung und Berufung zugleich, mit Leidenschaft hat er sich der hohen Kochkunst verschrieben und ist einer ihrer besten Meister geworden. Dieter Müller beim Kochen zu beobachten, hat etwas Beruhigendes und zeigt gleichzeitig die Professionalität eines Talentes, das in der Routine des täglichen Geschäftes jene Spannung aufrechterhält, die unbedingte handwerkliche Perfektion fordert und jeden noch so routinierten Handgriff immer aufs Neue zu einem überlegten und durchdachten Wagnis werden lässt. Aufmerksame Anspannung und volle Konzentration, Müller begegnet dieser Herausforderung mit einer sichtbaren und spürbaren Gelassenheit wie ein Maler, dessen Vorstellung von Farbgebung und Darstellung sich in einer zielgerichteten Motorik auflöst, eine harmonische Verbindung zwischen gedanklicher Vision und handwerklicher Umsetzung herstellt. „Kochen ist eine sinnliche Angelegenheit des Herzens kombiniert mit einer präzisen Fingerfertigkeit, die von Fantasie inspiriert und vom Verstand kontrolliert werden muss", sagt Müller, der beim Kochen keine noch so kleine Nachlässigkeit zulässt und niemals Mittelmaß duldet. In seinem Metier werden keine Fehler verziehen, in seiner Klasse wird das Produkt, die Qualität und Kreativität seiner Zubereitung und die Präsentation, gleichzeitig damit der Koch selbst, zum Gradmesser des guten Geschmacks. Und Müller versteht sich als Botschafter des guten Geschmacks. Seine Hände setzen diesen Anspruch um, dazu verlangt sein Gespür für Gleichklang und Harmonie, aber auch für Gegensätzlichkeiten, ungewohnte Kombinationen und neue Varianten eine realistische weil umsetzbare Kreativität, um aus rohen Produkten das herzustellen, was erst durch das Kochen unter den profanen Sammelbegriff

Essen fällt. Keine Zauberei oder Effekthascherei, für Müller ist gerade die Gourmetküche handwerkliche Präzisionsarbeit verbunden mit Enthusiasmus und Kreativität. Denn die Natur kennt keine leidenschaftliche Kreativität, hält keine Gewürzmischungen, Produktkombinationen oder Fertiggerichte bereit, sondern liefert eine reiche Auswahl an einzelnen Qualitäten, die erst durch das Kochen zu dem werden, was unsere Esskultur letztendlich ausmacht. Kochen war die erste kreative Leistung des Menschen und durch das Zusammenführen und Vermischen von Nahrungsmitteln zu neuen Produkten bekam das Angebot der Natur eine völlig neue Dimension. Und Kochen ist bis heute – wie alle Künste – ein Wagnis, zu dem die geschmackliche Neugier und der Mut zum Experiment treiben. Dazu bedarf es Menschen wie Dieter Müller, die mit Sinn und Geschmack das Beste aus der Natur herauszuholen und die darin die größere Herausforderung ihres Lebens sehen.

Badische Wurzeln und Bodenständigkeit

Wie viele seiner großen Kollegen stammt Dieter Müller vom Land, seine Eltern betreiben in den 1950er Jahren eine kleine Pension mit Fremdenzimmern und Gastwirtschaft im Schwarzwald. Noch hat der große Tourismusboom nicht eingesetzt, die Gegend ist von einer vorwiegend handwerklichen Landwirtschaft geprägt und alles wirkt, aus heutiger Perspektive betrachtet, bescheiden und einfach. Es ist eine auf das Wesentliche reduzierte Welt, in die Dieter Müller 1948 geboren wird, eine Welt, die das „Generationenprojekt Landwirtschaft“ zwangsweise in den Mittelpunkt stellt, jeder, ob alt oder jung, tut das, was ihm zugemutet werden kann. Sobald die Schule aus ist, geht es für Müller statt auf den favorisierten Fußballplatz aufs Feld oder in die Obstbäume. Dazu müssen die Tiere versorgt werden, der Rhythmus von Vieh und Feld duldet nur wenig Freizeit. Dieses einfache ländliche Umfeld, die Zufriedenheit und Geradlinigkeit der Bauern, aber auch der Umgang mit den heimischen Produkten, die Selbstverständlichkeit von Qualität und die Schlichtheit der Zubereitung werden für Dieter Müller die prägenden Momente seiner Kindheit. Der Duft des frisch gebackenen Brotes, die geschlagene Butter aus dem Bottich, der Löffel Honig, den er selbst geschleudert hat und der hausgemachte Speck, aber auch der sonntägliche Kaninchen-Braten, der von Müller und seinen Geschwistern immer mit etwas Wehmut gegessen wird, hinterlassen Geschmackseindrücke, die Müller nicht vergessen hat und deren Aromen ihm bis heute in der Nase stecken.

Die erstaunliche Kochkarriere von Dieter Müller beginnt unspektakulär im „Hotel Bauer“ im badischen Mühlheim, dort, wo schon der ältere Bruder Jörg seine Ausbildung zum Koch begonnen hatte. Im Bauers wird im besten Sinne des Wortes die gutbürgerliche Küche gepflegt, als Lehrling bekommt Müller tiefe und profunde Einblicke in die bodenständige badische Küche. Was auf die Teller kommt, ist eine verfeinerte Landküche aus regionalen Produkten, eine geschmackvolle Hommage an das Land und seine Bauern, die das Restaurant täglich mit frischen Waren versorgen. Vom Küchenchef, der in Sachen Qualität keine Kompromisse macht, lernt Müller den kritischen Blick auf die angebotenen Produkte und er begreift schnell, dass die Qualität und damit die Gastlichkeit des Restaurants maßgeblich in der Verantwortung der Köche und ihrer präzisen Arbeit liegen. An diesen

DIETER MÜLLER
NILS HENKEL

Kreativität braucht Kommunikation: Müller und Henkel tauschen Ideen aus und bringen Erfahrung und Neugier in ihren Gerichten harmonisch zusammen

Grundsatz hat sich Dieter Müller bei all seinen Tätigkeiten immer gehalten.

Nach erfolgreich bestandener Kochprüfung bekommt Müller das Angebot, als Jungkoch im Restaurant „Colombi“ in Freiburg anzufangen. Die Offerte ist so etwas wie ein Ritterschlag, doch Müller entscheidet sich für den heimischen Herd. Seine Eltern sind mittlerweile nach Reichenbach in das „Hotel Post“ umgezogen und brauchen Unterstützung. Jetzt steht er neben dem Vater am Herd und die Diskussionen über neue Gerichte lassen nicht lange auf sich warten. Der alte Hase, der seinen bewährten Stil kocht, und der Jungkoch, der vor neuen kulinarischen Ideen sprüht, arrangieren sich in diesem gesunden Generationenkonflikt, so gut es geht. Mit der Einberufung zur damals noch jungen Bundeswehr ist das heimische Gastspiel beendet, Dieter Müller wird „Küchenbulle“ und bringt neuen Schwung in die mehr oder weniger eintönige Kantinen-Verpflegung der Truppe. Nach nur drei Monaten bekommt sein Küchenteam die Auszeichnung „Beste Küche der Bundeswehr“.

Vom Militärdienst geht es 1971 direkt in den „Schweizer Hof“ nach Bern zu Ernesto Schlegel, damals einer der großen Küchenchefs der Schweiz. Es werden für den jungen Koch noch einmal wichtige Lehrjahre zwischen endlosen Stunden Gemüse putzen und der Arbeit am Herd in der Gourmet-Küche, die im wahrsten Sinne des Wortes nicht kleckert, sondern klotzt. Es ist die Zeit der „Sauce riche“: Sahne, Crème fraîche, Butter und natürlich Fois gras triumphieren, gleichzeitig hält der ganze Reichtum des Meeres Einzug auf die Speisenkarten und die Patisserie beginnt mit immer neuen Kreationen und Arrangements das Dessert als Kunstwerk zu präsentieren. Hier entdeckt Müller seinen Faible für Saucen als bindendes Glied und Brücke zwischen Geschmackswelten, die für ihn bis heute sowohl als Solisten wie auch in der harmonischen Unterordnung ein unzweifelhafter und unbestechlicher Beweis für die hohe Kochkunst sind. „Die Sauce kann alles ruinieren, aber auch alles zum Triumph führen. Dazwischen ist kein Platz, das macht die Saucenkunst so schwierig“, sagt Müller. „Das Spiel mit den Saucen fordert eine klare Vorstellung von Geschmack“.

Nach der Schweiz arbeitet Dieter Müller für eine Saison auf Korfu und lernt hier die mediterrane Küche und die Vielfalt des Meeres unverfälscht kennen. Nach Korfu soll Rhodos folgen, vielleicht Frankreich oder noch einmal die Schweiz. Die Entscheidung wird ihm abgenommen, als sein Bruder

2B
3B

Jörg, der im Herbst 1973 in den „Schweizer Stuben" von Adalbert Schmidt in Wertheim angefangen hatte, ihn um Unterstützung bietet. Dieter Müller schlägt ein und für die beiden Müller-Brüder wird es eine überaus erfolgreiche Zeit in den „Schweizer Stuben". Schmidt lässt ihnen freie Hand, Dieter und Jörg Müller können nach Lust und Laune am Herd kreativ sein und ihre kulinarischen Ideen nach Belieben auf die Teller bringen. Sie kochen „grenzenlos", mediterrane Erfahrungen fließen ebenso in ihren Küchenstil ein wie ihre bodenständigen badischen Wurzeln und Elemente der elsässischen Küche. Es muss nur schmecken, und das tut es.

Griff zu den Sternen

Die Qualität der Müller-Küche spricht sich schnell herum und das Restaurant wird weit über die Grenzen Badens bekannt, die Reservierungsliste immer länger. 1974 werden die „Schweizer Stuben" vom Restaurantführer Michelin mit dem ersten Stern ausgezeichnet, nur drei Jahre später folgt der zweite. Als ein Jahr später die erste Hitliste der besten deutschen Restaurants veröffentlicht wird, liegen die „Schweizer Stuben" auf Platz eins. Man spricht von den „Wunderknaben von Wertheim" und der Gipfel des Olymps der Kochkunst scheint nahe zu sein. Doch der begehrte dritte Stern bleibt den „Schweizer Stuben" verwehrt.

Anfang der 1980er Jahre geht Jörg Müller nach Sylt, um dort sein eigenes Restaurant aufzumachen, Dieter Müller bleibt noch acht Jahre in Wertheim. Es folgt Auszeichnung auf Auszeichnung, Müller wird Koch des Jahres, kommt unter die 16 besten Köche der Welt und erhält Angebote aus aller Welt. Den „kleinen" Müller wollten viele haben. Auch der erfolgreiche Hotelbetreiber Thomas Althoff interessiert sich für den Ausnahmekoch und holt ihn letztendlich ins Schloss Lerbach. Im Februar 1992 wird das Schlosshotel mit Restaurant „Dieter Müller" eröffnet, das Konzept hat von Anfang an Erfolg und Müllers Küche wird 1993 wieder mit

Hand in Hand: Genaues Timing in Küche und Service garantieren dem Gast genussreiche Stunden

dem ersten Michelin-Stern ausgezeichnet. Ein Jahr später folgt der zweite und 1997 der so lange begehrte dritte Stern. Doch Dieter Müllers Kochleben ist keine Jagd auf Sterne und Auszeichnungen, das sind positive Randerscheinungen in einem geradlinigen Leben am Herd. Müller ist immer Koch geblieben, die Stunden in der Küche sind für ihn glückliche Zeiten, die er trotz Anspannung und Konzentration genießt.

Müller ist ein Suchender, der den im Produkt verborgenen Geschmack finden und als reines Ess-

DIETER MÜLLER
NILS HENKEL

Schlosshotel mit Charme: Der Luxus des Hauses versprüht das Flair eines großzügigen Landhauses

Erlebnis herausarbeiten und schmeckbar machen möchte, sich dabei von Düften und Gerüchen inspirieren lässt, offen für Neues und gleichzeitig Traditionellem nicht verschlossen ist. Müller ist ein Seher, der das Machbare im Produkt, seine Einsatz- und Kombinationsmöglichkeiten klar erkennt und nach seinen Ideen und Vorstellungen kreativ umsetzt. Die Herausforderung, das kulinarische Angebot der Natur anzunehmen und aus einfachen Zutaten etwas sehr Gutes zu kochen, dabei den eigentlichen Geschmack zu bewahren, darin sieht Müller die Kunst des Kochens oder die Kochkunst. Er beherrscht dieses Kunst-Handwerk und lässt den Gast die geschmackvolle Balance der einzelnen Zutaten und das Zusammenspiel von Aromen in einer unaufdringlichen Leichtigkeit seiner Kreationen wieder finden. Dieter Müller ist wahrlich ein Botschafter des guten Geschmacks. Seiner unbedingten Liebe zum Beruf, die auch Verzicht auf viele andere Dinge bedeutet, begegnet er mit Enthusiasmus, denn Kochen ist für ihn gelebte Leidenschaft, und die Liebe, die sprichwörtlich durch den Magen geht, hat ihn ständig unter „Dampf" gehalten.

Der Meisterschüler

An der Seite eines Spitzenkochs wie Dieter Müller seinen eigenen Stil zu finden, zu entwickeln und letztendlich umzusetzen, ohne dabei das fragile Gefüge und die Präzision einer Teamarbeit zu gefährden, bedarf es nicht nur der Förderung, Toleranz und menschlichen Größe des Patrons, sondern auch eines außergewöhnlichen Talents, die kulinarische Handschrift des Altmeisters dezent zu ergänzen, vielleicht sogar zu erweitern und mit Bedacht neu zu definieren. Nils Henkel ist dieses Talent und Dieter Müller besitzt die Größe, ihm genügend Freiheit zu gewähren, sein Talent ausleben, und seine weitere Karriere bestens vorbereiten zu können.

Seit rund zehn Jahre arbeitet Nils Henkel mittlerweile im Restaurant „Dieter Müller", seit 2004 ist er Küchenchef und Stellvertreter des Patrons, gleichberechtigt mit Dieter Müller. Das erfordert nicht nur gegenseitigen Respekt und Achtung, sondern auch ein unbedingtes partnerschaftliches Miteinander in einer kulinarischen Welt, die von Individualität und persönlichem Stil desjenigen Kochs geprägt ist, der das Küchenteam führt. Im Lerbach sind es Müller und Henkel, und es scheint, als haben sich hier zwei Seelenverwandte gefunden, die ihre individuellen Stile zu einer gemeinsamen Höchstleistung zusammenbringen können, ohne das eigene Profil zu verlieren. Ein Generationskonflikt ist dabei nicht erkennbar, Müller und Henkel zügeln beide ihre ohnehin unterschiedlichen Temperamente, stellen sich ganz in den Dienst der gemeinsamen

Sache und profitieren voneinander. Denn Henkel ist längst über den Status des Meisterschülers hinausgewachsen, ist nicht nur legitimer Nachfolger, der erst dann aus dem Schatten des Meisters tritt, wenn der sich zur Ruhe gesetzt hat. Und er ist auch nicht nur die rechte Hand von Dieter Müller, sondern steht gleichberechtigt mit seinem Namen für die Qualität des Restaurants. Nils Henkel ist da, ist mit seinem Kochstil präsent und für die Zukunft des Gourmetrestaurants in Schloss Lerbach die beste Perspektive, die sich Dieter Müller wünschen kann.

Wer Nils Henkel das erste Mal begegnet, ist überrascht von der starken Persönlichkeit, die sich in einer angenehmen Zurückhaltung präsentiert, und spürt, dass Henkel die Leidenschaft für seinen Beruf im wahrsten Sinne des Wortes verinnerlicht hat und nicht aufdringlich plakativ nach außen trägt. Er ist kein Showkoch und auch kein Cooking-Unterhalter zum Anfassen, kulinarische Plattitüden in Wort und Werk sind ihm fremd, seine Wortwahl ist geschliffen und wohlüberlegt. Henkel ist eher ein stiller Star am Herd, ein Mensch mit feinen Gesichtszügen, der mit der Präzision eines Schweizer Uhrwerkes arbeitet und weiß, dass die Küche und das Team von zwölf Köchen keinen Platz für persönliche Eitelkeiten lassen. Aber Henkel weiß ganz genau, was er will und was nicht, in seiner Sprache spürt man die Selbstdisziplin, mit der er seine Vorhaben zielgerichtet angeht.

Nils Henkel ist ein Kind des Nordens, das Licht der Welt erblickt er 1969 in Kiel. Dass er einmal Koch wird, ahnen weder die Eltern, die eine Arztpraxis betreiben, noch die beiden älteren Brüder, mit denen Henkel im Ostsee-Heilbad Hohwacht aufwächst. In der Beschaulichkeit des kleinen Fischerdorfes verlebt Henkel eine glückliche Kindheit und entdeckt schon früh seine Leidenschaft für alles Handwerkliche und Technische. Die Idee, mit der eigenen Fingerfertigkeit etwas herzustellen, Dinge zu schaffen, die zunächst im Kopf entstehen, deren Realisierung aber letztendlich über die Hände umgesetzt wird und die damit im wahrsten Sinne des Wortes seine Handschrift tragen, fasziniert ihn und wird ihn sein ganzes Leben begleiten. Ans Kochen denkt Henkel dabei aber nicht, zu Hause steht, wenn es die wenige Freizeit neben der Arztpraxis zulässt, die Mutter am Herd. Gut gekocht und gegessen wird im Hause Henkel allemal, aber es bleibt etwas Alltägliches ohne Ambitionen,

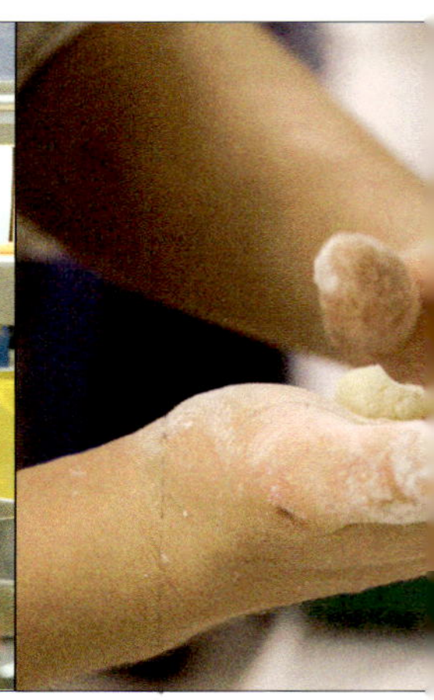

die Arbeit am Herd dem Sohn nahe zubringen und ihn auf eine Karriere als Koch vorzubereiten.

Den Weg in die Gastronomie findet Nils Henkel allein, nachdem er zunächst mit einer Schreinerlehre geliebäugelt hat. Die Möglichkeiten, aus dem vielseitigen Werkstoff Holz noch vielseitigere Dinge zu schreinern, das ist genau die Berufsvorstellung, die Nils Henkel attraktiv erscheint. Der Lehre soll sich ein Studium der Innenarchitektur anschließen, um Objekte und Formen mit Leben zu erfüllen und dem Abstrakten der Gestaltungsidee die Realisierung folgen zu lassen. Durchdachte Zukunftspläne, die für Nils Henkel jedoch schon bald wie eine Seifenblase zerplatzen und seinen Weg in die Kochwelt eröffnen. Denn als er während eines Schreiner-Praktikums ausschließlich vorproduzierte Kunststofffenster installieren muss, kehrt er dem ursprünglichen Berufswunsch ernüchtert den Rücken. Zu wenig Kreativität, zu wenig eigene Gestaltungsmöglichkeiten und vor allem zu wenig handwerkliche Herausforderung lassen Henkel einen anderen Weg einschlagen. Ohne Plastikfenster wäre Nils Henkel vielleicht der Gourmetwelt für immer verloren gegangen und sein außergewöhnliches Koch-Talent wahrscheinlich nie

Teamarbeit Restaurant:
Die schwarze Brigade ist für den reibungslosen Service zuständig

entdeckt worden. Eine kleine Randnotiz aus dem Spannungsfeld zwischen Industrie und Handwerk, die letztendlich der deutschen Restaurantkultur zugutekommt. Denn sein nächstes Praktikum absolviert Henkel in einem Restaurant und fällt hier mit seiner präzisen Vorstellung von Geometrie und harmonischer Anordnung und Gestaltung von Formen auf. Er richtet gekonnt die Speisen auf den Tellern an, kreiert optisch gelungene Gebilde und gibt den Gerichten damit ein individuelles Gesicht, das nicht nur die Gäste begeistert. Henkel erkennt, dass

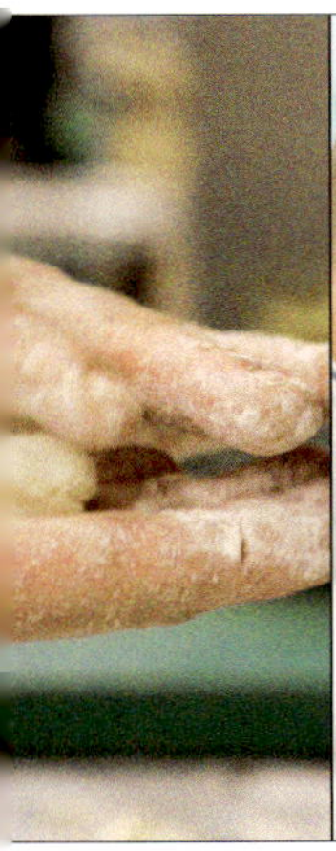

Genuss vom Feinsten: Die Kunst der großen Küche hat im Lerbach ihren Auftritt, seit Eröffnung des Schlosshotels gehört das Gourmetrestaurant „Dieter Müller“ zu den ersten Adressen Deutschlands

Tophotel mit Charme: Schloss Lerbach mit seinem Park ist ein Refugium für Stadtflüchtige und Genießer, die das Besondere suchen und schätzen

Kochen Gestalten bedeutet, dass der Weg und die Ausrichtung eines Produktes vom Koch bestimmt werden kann, wenn er genügend Vorstellungskraft hat, die fertige Skulptur im Rohling zu sehen und darüber hinaus über die handwerklichen Möglichkeiten verfügt, an den Kern der Sache heranzukommen und sie herauszuarbeiten.

Nils Henkel ist in seinem Element, hat seine Bestimmung gefunden und entscheidet sich endgültig für den Beruf des Kochs. Seine Lehre absolviert er im Restaurant „Voss Haus“, direkt am Großen Eutiner See gelegen und umgeben von großzügigen Parks und Wäldern. Nach der Ausbildung zieht es den Jungkoch nach Hamburg, für ein Jahr arbeitet Henkel im Restaurant „Le Jardin“ im Hotel St. Raphael als Chef de Partie und zweiter Sous-Chef. Danach steht er im „Landhaus Scherrer“ am Herd, ein Jahr später wechselt er ins „Il Ristorante“, einem gefragten Edelitaliener an den Großen Bleichen. Es folgen Stationen in Coesfeld und Senden-Ottmarsbocholt in der Nähe von Münster in Westfalen.

Henkel bleibt bodenständig und dem Norden verhaftet, geografisch hat er sich in seinen Lehr- und Wanderjahren nur langsam Richtung Süden bewegt, eine vorsichtige Annäherung an jenes Restaurant, von dem er seit seiner Lehre schwärmt. Der Stil von Dieter Müller, sein Sinn für Form und Harmonie auch jenseits des Traditionellen gefällt Henkel von Anfang an. Dazu reizt es ihn, in einem der besten Restaurants Deutschlands zu arbeiten. Seine Lust aufs Kochen und seine Lernfähigkeit, die mit eigenen Ideen und Experimenten Hand in Hand geht, sieht er in Müllers Küche am besten aufgehoben. Nils Henkel

DIETER MÜLLER
NILS HENKEL

bewirbt sich 1997 im Schloss Lerbach und beginnt am 1. September seine Arbeit im Restaurant „Dieter Müller". Damit startet die eigentliche Erfolgsstory von Nils Henkel, der sich an der Seite von Dieter Müller schnell zu jenem Küchenchef entwickelt hat, der dem Meister auf Augenhöhe begegnet. In ihren Charakteren sind sie grundverschieden, der Badener und der Norddeutsche, haben unterschiedliche Ansätze und Schwerpunkte. Während Müller mildere Geschmacks-Harmonien bevorzugt, in seinen Kreationen das südliche Element deutlicher betont und Raffinesse in eine beeindruckende Leichtigkeit verpackt, sind die Arrangements von Henkel scharfkantiger, mit würzigeren Texturen umgeben und von einer bemerkenswerten geschmacklichen Präzision, die Intensität exakt definiert und ohne Schnörkel auf den Punkt bringt, den Geschmack nicht unterfordert und nicht belastet. Egal ob die Richtung asiatisch, klassisch französisch, mediterran oder einfach bodenständig ist.

Müller und Henkel stellen gemeinsam ein Angebot an Gerichten zusammen, das Essen tatsächlich zum Erlebnis werden lässt, weil der Gaumen auf eine behutsame Entdeckungsreise geht, ohne sich dabei zu erschrecken. Essen bei Müller und Henkel ist, als ob einem jemand lauter schöne Dinge leise ins Ohr flüstert und damit die Seele und das Gemüt berührt und zum Schwingen bringt. Auch das Auge isst mit, Henkel sorgt mit seinem architektonischen Sinn für geometrische Kunstwerke auf den Tellern, spielt mit Farben und Formen, lässt Schräges mit Rundem verbinden und Zylinder mit Pyramiden konkurrieren, ohne dabei die perfekte Harmonie des Geschmacks dem optischen Effekt zu opfern. Kein Teller wirkt überladen, niemals sind zu viele unterschiedliche Aromen und Produkte versammelt, Henkels Arrangements haben eine verspielte Strenge, ein Paradox, das sich vor dem Auge des Betrachters auflöst und verständlich wird. Alles passt zusammen, ist stimmig, Nuancen greifen ineinander und ergänzen sich in einem neuen Ganzen.

Nils Henkel ist ein Gourmet-Architekt mit einem feinen Gespür für Trends, die er dezent in seine Kreationen und damit auch in die Müller'sche Küche einfließen lässt. Er versteht Kochen als Ausdruck einer Lebenslust und einer handwerklichen Kultur, um Produkte aus ihrem primären Zustand zu befreien und neu zu definieren, ohne ihre Authentizität aufzugeben. Eine kochende Gratwanderung, gleichermaßen inspiriert durch Impulse aus dem Team, durch Reisen, die Zugang zu verschiedenen Kulturen und Stilen ermöglichen, durch Gerüche und Düfte, durch Erfahrungen und Neugier und durch die Einsamkeit des Marathonläufers. Beim Laufen nämlich findet Nils Henkel Zeit zum Nachdenken, zur kreativen Zwiesprache mit seinem Ideenpool und kann sich auspendeln. Henkel sucht diese Herausforderung, seine Ruhe in sich selbst zu finden, beim Laufen abzuschalten vom Küchenalltag und gleichzeitig neue Ideen zu entwickeln. Wie alles, was Nils Henkel macht, ist auch das Laufen für ihn keine halbherzige Sache. Die Marathon-Klassiker New York, Berlin und London hat er schon hinter sich, Henkel kommt in respektablen Zeiten ins Ziel, das ist er schon allein seinem Ehrgeiz schuldig. Auch der gehört zu Henkels Lebensart, die Freude und Spaß aus einer niemals verkrampften Disziplin zieht, die ihn belastbar, aufmerksam und sensibel für Dinge macht, in die er seine außergewöhnliche Kreativität legen kann.

Idylle im Bergischen Land: Die Region ist eine der reizvollsten Landschaften Deutschlands, die sich ihren ursprünglichen Charakter bewahrt hat.

Vorspeisen

Grundrezepte Vorspeisen

Carpaccio vom Schmorapfel

Für 4 Personen

- 600 g Boskop-Äpfel, geschält und entkernt
- 100 g Zucker
- 50 ml Apfelsaft
- ½ Zimtstange
- 1 Msp Kardamompulver
- 2 Kardamomkapseln zerdrückt
- 2 g Pektin
- 1½ Bl Gelatine

Die Äpfel schälen und in gleichmäßige Spalten schneiden. Dabei in Zitronenwasser einlegen. Den Zucker und den Apfelsaft in einen kleinen Topf geben und unter Rühren einen dunklen Karamell herstellen. Einen flachen Topf leicht erhitzen. Die abgetropften Apfelstücke in den Topf geben, den Karamell darüber gießen, Zimtstange und Kardamompulver zufügen. Im Backofen bei 200 °C etwa 1 Stunde abgedeckt weichschmoren, so dass die Apfelstücke noch leichten Biss haben. Gelegentlich umrühren. Danach auf ein Sieb geben und abtropfen lassen. Die erhaltene Flüssigkeit durch ein feines Sieb passieren. Anschließend mit den Kardamomkapseln etwas einkochen. Pektin zufügen und einige Minuten kochen, dann 10 Minuten quellen lassen. Die eingeweichte und ausgedrückte Gelatine unterrühren. Den Fond mit den Apfelstücken vermengen, mit etwas Zitronensaft und einer Prise Salz abschmecken und in eine rechteckigen Vorratsdose einfrieren. Bei Bedarf auf der Aufschnittmaschine in Scheiben schneiden und wie Carpaccio servieren.

Gelee vom grünen Apfel

- 250 g Apfelpüree vom grünen Apfel
- 1 Granny Smith-Äpfel
- 80 ml Apfelsaft
- 50 ml Moscato
- 2 Kardamomkapseln
- 6 Bl Gelatine
- Chlorophyll aus der Apotheke
- Blattpetersilie

Den Granny Smith würfeln, mit dem grünen Apfelpüree und dem Apfelsaft fein mixen und auf einem Passiertuch abtropfen lassen. Das Püree leicht ausdrücken. Den Moscato mit dem zerdrückten Kardamom aufkochen und 30 Minuten ziehen lassen, passieren. Alles zusammen mit Blattpetersilie und Chlorophyll aufmixen, fein passieren und mit 6 Blatt Gelatine binden.

Gurken-Meerrettich-Sorbet

- 500 g Püree von entkernten Gurken
- 60 g Glukose, 20 g Zucker
- 60 g Wasser
- 120 g Crème fraîche
- 35 g Honig
- 8 g Meerrettich, Zitronensaft
- Salz und Pfeffer aus der Mühle

Wasser, Glukose und Zucker aufkochen. Crème fraîche, Honig und geriebenen Meerrettich zufügen und mit dem Gurkenpüree mixen. Mit Zitronensaft, Salz und Pfeffer abschmecken und 15 Minuten ziehen lassen. Die Masse in einen Pacojet-Becher füllen und gefrieren. Nach Bedarf im Pacojet pacossieren oder in einer Haushalts-Eismaschine zu Sorbet gefrieren.

Grundrezepte Vorspeisen

Gurken-Relish

350 g kleine Gurkenwürfel
100 g Gurkensaft
20 g Weißwein, reduziert
20 g Rapskernöl
10 g Zitronensaft
1 g Xanthan (Bindemittel aus Algen)
50 g eingelegte Senfkörner (s.u.)
1 Msp Piment d'Espelette
2 EL Bronzefenchel, fein gehackt
Salz und Pfeffer aus der Mühle

Die Gurkenwürfelchen salzen, 30 Minuten ziehen lassen und anschließend in einem Sieb abtropfen lassen (ergibt etwa 250 g netto). Den frisch gepressten Gurkensaft mit Weißweinreduktion, Rapskernöl, Zitronensaft und Xanthan aufmixen und mit den Gurkenwürfeln mischen. Senfkörner zufügen und mit Piment d'Espelette, Bronzefenchel, Salz und Pfeffer abschmecken und einige Stunden ziehen lassen.

Chutney von grünen Tomaten

500 g grüne Tomaten
300 g weiße Zwiebeln
50 ml Olivenöl
50 ml Balsamico, weiß
100 ml Noilly Prat
100 ml Weißwein
100 g Zucker, 10 g Pektin
1 Msp Agar Agar
(vegetarisches Geliermittel)
2 EL Senfkörner, eingelegt (s.u.)
1 TL Anis-Gewürzmischung (s.u.)
1 TL Thymianblätter, gehackt
Salz und Pfeffer aus der Mühle

Die grünen Tomaten entkernen und in Würfel schneiden, die Zwiebeln ebenfalls in Würfel schneiden. Die Zwiebelwürfel in Olivenöl anschwitzen und Balsamico, Noilly Prat und Weißwein zufügen. Zucker mit Pektin und Agar Agar verrühren und zu den Zwiebeln geben. Einige Minuten kochen lassen, bis die Zwiebeln noch leichten Biss haben und dann die Tomatenwürfel und die Senfkörner dazugeben. Noch einige Minuten kochen und mit der Gewürzmischung, Thymian, Salz und Pfeffer abschmecken. Das Chutney in Weckgläser abfüllen und an einem kühlen Ort aufbewahren. Zum Servieren auf etwa 60 °C erwärmen.

Anis-Gewürzmischung

2 EL Anis, grün
1 TL Pfefferkörner, weiß
1 TL Korianderkörner
1 TL Szechuanpfeffer
2 Peperoncini

Die Gewürze zu einem Pulver mahlen und in einem luftdicht verschlossenen Glas aufbewahren.

Eingelegte Senfkörner

150 g Senfkörner
100 ml Noilly Prat, 100 ml Weißwein
1 kleines Lorbeerblatt
1 Estragonzweig
½ TL Meersalz

Die Senfkörner 24 Stunden in Wasser einweichen, in Salzwasser blanchieren und kalt abspülen. Dann mit Noilly Prat, Weißwein, Lorbeerblatt, Estragonzweig und dem Meersalz aufkochen, in ein Glas geben, verschließen und bei 90 °C im Dampf etwa 20 Minuten garen, dann kühl aufbewahren.

Überbackene Gambas mit Fenchel-Sprossensalat

mit Grapefruit und Estragon-Vinaigrette

1. Die Eigelbe mit Butter schaumig rühren und alle weiteren Zutaten gut untermischen, mit Zitrone, Salz und Pfeffer gut würzig abschmecken. Die Mischung in Klarsichtfolie und danach in Alufolie straff einrollen und gut durchkühlen. Die Zubereitung der Salbeibutter wird schon am Vortag empfohlen.

2. Den Fenchel säubern und sehr dünn aufschneiden, leicht mit Salz und Pfeffer würzen, gut vermischen und abgedeckt ca. 30 Min. an einem kühlen Ort ziehen lassen. Die Gambas längs halbieren, den Darm entfernen und auf ein Backblech reihen. Mit Salz und Pfeffer leicht würzen, mit dünn aufgeschnittener Salbeibutter belegen und bis zum Gratinieren kaltstellen. Von den Grapefruits rundum die Schale abschneiden. Die Filets aus der Frucht schneiden und auf vier kalte Teller verteilen. Den Saft der Grapefruits für die Vinaigrette auffangen.

3. Zwei Esslöffel angesammelten Saft der Grapefruits mit den angegebenen Zutaten für die Vinaigrette gut verrühren und würzig abschmecken.

4. Die Erbsensprossen von der Spitze auf ca. 4 cm Länge schneiden, kalt waschen und in einer Salatschleuder schleudern. Die Sprossen zum Fenchel geben, mit der Hälfte der Vinaigrette vorsichtig vermischen und auf die Tellermitte verteilen. Die Gambas im Backofen nur bei Oberhitze (Heizschlangen) oder im Salamander hellbraun ca. vier Minuten saftig überbacken. Auf die vorbereiteten Teller verteilen und mit der restlichen Vinaigrette um den Salat servieren.

Für 4 Personen
Zubereitung der Salbei-Butter am Vortag empfohlen

Salbei-Butter
100 g Butter
2 Eigelbe
12 Salbeiblätter, fein geschnitten
4 EL Petersilie, fein geschnitten
2 EL rote Paprikawürfel, fein geschnitten und blanchiert
2 EL gelbe Paprikawürfel, fein geschnitten und blanchiert
½ Knoblauchzehe, zerdrückt
2 EL Limonensaft
4 EL Toastbrot, gemahlen
Salz und Pfeffer

Gambas
8 St große Gambaschwänze mit Schale
1 Fenchelknolle
2 Grapefruits rosé

Vinaigrette
1 TL weißer Balsamico
2 EL Grapefruitsaft vom Filettieren
½ El Zitronen-Olivenöl
1 EL Pinienkernöl
½ EL Sonnenblumenkernöl
1 EL fein geschnittener Estragon
Salz und Pfeffer aus der Mühle

100 g Erbsensprossen

Entenleberpralinen

mit Kakaovelours, Haselnuss-Creme und Schmorapfel

Für 4 Personen
Marinierzeit: 24 Stunden

180 g Entenmastleber, frisch
Salz und Pfeffer aus der Mühle
1 Msp Pastetengewürz
20 ml Apfelwein
80 g Sahne
6 Bl Gelatine
30 g Tramineressig 3%
Kuvertüre 55% (Equatoriale Noir)
Kakaobutter

Sauce
4 Apfelcarpaccio-Scheiben
(siehe Grundrezepte)
16 Apfelgelee-Würfel
(siehe Grundrezepte)
Haselnüsse ohne Haut

Haselnuss-Creme
200 ml Entenconsommé, klar
und kräftig (oder Geflügelfond)
40 g Haselnussblättchen, geröstet
10 ml Sherry Oloroso
20 ml Sherry-Essig
60 g Haselnusspüree
60 g Haselnussöl
1 Xanthan (Bindemittel aus Algen)
Salz, Pfeffer

Pastetengewürz
2 EL Pfeffer
1 EL Szechuanpfeffer
1 TL Anis, grün
1 TL Macisblüte (Muskatblüte)
10 Pimentkörner
5 Wacholderbeeren
2 Nelken

1. Für das Pastetengewürz die Gewürze in einer elektrischen Gewürz- oder Kaffemühle fein zermahlen und luftdicht und kühl in einem Glas aufbewahren. Diese Mischung passt gut zu klassischen Geflügelterrinen oder auch zum Würzen von Gänse- und Entenstopfleber.

2. Die Entenleber mit Salz, Pfeffer, Pastetengewürz und Apfelwein etwa 24 Stunden marinieren. Die Sahne aufkochen und die eingeweichte, ausgedrückte Gelatine darin auflösen. Die Leber zufügen und mit der heißen Sahne etwa 3 Minuten sehr fein mixen. Zum Schluss den Tramineressig untermixen und die Lebermasse in 3cm Silpat-Halbkugelmatten füllen. Die Matten frosten, die gefrorenen Halbkugeln aus den Matten lösen und gefroren halten. Dann das gleiche Rezept herstellen und die Matten erneut befüllen. Nun die gefrorenen Halbkugeln auf die weiche Masse drücken. Die Matten wieder einfrieren und die gefrorenen Gänseleber-Kugeln mit einer Mischung aus 60% flüssiger Schokolade und 40% Kakaobutter besprühen (Sprühpistole) und wieder kühl stellen.

3. Den Entenfond aufkochen. Die gerösteten Haselnussblättchen zufügen und zwei Stunden ziehen lassen. Die Nüsse abpassieren und dabei gut ausdrücken. Die Haselnusspaste, den Oloroso, den Sherry-Essig und Xanthan zufügen und das Haselnussöl langsam untermixen. Die Haselnuss-Creme mit Salz und Pfeffer abschmecken.

4. Die Apfelcarpaccio-Scheiben mittig auf ovale Teller platzieren, auftauen lassen. Jeweils drei Entenleberpralinen aufsetzen, außerdem vier Apfelgelee-Würfel. Die Haselnuss-Creme mit einer Spritzflasche in die Zwischenräume tupfen und das Gericht mit frisch geriebenen Haselnüssen bestreuen.

Dreierlei Crostini

Mit Kräuterhüttenkäse und Auberginen-Tomatenkompott
Mit mariniertem Rinderrohfleisch und Sauce verte
Mit Confit von Geflügelleber und Champignons

Geröstete Brotcräcker mit Kräuterhüttenkäse und Auberginen-Tomatenkompott

Für 4 Personen

1. Die Petersilie, Brunnen- und Gartenkresse kalt abspülen und trocken schleudern. Mit den restlichen Kräutern und dem Olivenöl fein mixen. Den Hüttenkäse, Frischkäse und Kräuterpüree gut vermischen und mit den weiteren Zutaten herzhaft abschmecken. Abgedeckt im Kühlschrank mindestens eine Stunde durchziehen lassen.

2. Die Auberginen in 3 mm dicke Scheiben aufschneiden, diese leicht mehlieren und in heißem Olivenöl leicht mit Farbe fast trockenbraten und auf Papierkrepp abkühlen lassen. Die Tomaten häuten, vierteln, Kerne entfernen und in kleine Würfel oder Rauten schneiden. Die Auberginenscheiben ebenfalls so schneiden, danach alle Zutaten mit Basilikumstreifen vermischen und würzig abschmecken. Zum Servieren den körnigen Kräuterfrischkäse auf kross gebratenes Weißbrot streichen und mit aufgesetztem Auberginen-Tomatenkompott servieren.

4 Weißbrot- oder Toastbrotscheiben
200 g Hüttenkäse
2 EL Frischkäse
20 g Petersilie
20 g Brunnenkresse
1 Schale Gartenkresse
10 Basilikumblätter
10 Estragonblättchen
40 ml mildes Olivenöl
½ TL Zitronensaft
Spritzer weißer Balsamicoessig
Spritzer Tabasco
Salz und Pfeffer aus der Mühle

Auberginen-Tomatenkompott
1 Aubergine (ca. 200g)
1 Eiertomate
4 Basilikumblätter
10 ml Balsamico
Salz und Pfeffer

Tipp

Der Kräuterhüttenkäse ist eine Alternative zur Butter zu frisch gebackenem Brot. Sehr lecker schmeckt er auch zu warmen Pell- oder Folienkartoffeln als kleine Mahlzeit.

Dreierlei Crostini

Geröstete Brotcräcker mit mariniertem Rinderrohfleisch und Sauce verte

Einen Schüsselboden mit der Knoblauchzehe ausreiben. Das Rohfleisch mit allen Zutaten darin mit einer großen Gabel gut vermischen, herzhaft abschmecken und kaltstellen. Zum Servieren das Rohfleisch auf kross gebackenes Weißbrot ca. 1 cm dick aufstreichen, mit einer Messerklinge Rillen eindrücken und mit 4 EL Sauce verte obenauf servieren.

4 Weißbrotscheiben oder Toastbrotscheiben
200 g Rohfleisch/Tatar (aus der Rinderhüfte)
4 EL feines Olivenöl (mild)
1 Spritzer weißer Balsamico
1 Msp Zitronenpfeffer
½ Knoblauchzehe
1 TL fein geschnittener Basilikum
Salz, Tabasco

Sauce verte

Die Kräuter waschen, schleudern, die Blättchen von den Stielen zupfen. Alles zusammen mit den restlichen Zutaten für die Sauce mit einer Prise Salz im elektrischen Mixer fein zu einer Paste pürieren. Diese Sauce kann man gut verschlossen in einem Einweckglas im Kühlschrank einige Tage aufbewahren. Schmeckt besonders köstlich zu Risottos und Teigwaren.

2 Bd Basilikum
1 Bd Petersilie
¼ Knoblauchzehe
2 EL Pinienkerne
150 ml Olivenöl, kalt gepresst
1 TL Feine Kapern
1 Spritzer weißer Balsamico
Salz und weißer Pfeffer aus der Mühle

Tipp

Drehen Sie das Rindfleisch erst kurz vor der Zubereitung zweimal durch die feine Scheibe ihres Fleischwolfes, dadurch behält das Fleisch seine rote Farbe. Als größere Portion (ca. 80g) schön geformt, auf dünn gefächerten Tomaten- Gurken- Scheiben, gewürzt mit Olivenöl, Balsamico, Salz und Pfeffer ist dies ein herzhaftes, erfrischendes Gericht.

Dreierlei Crostini

Geröstete Brotcräcker mit Confit von Geflügelleber und Champignons

4 Weißbrotscheiben oder Toastbrot
200 g frische Geflügelleber
50 g Champignons
1 EL Schalottenwürfel
1 Knoblauchzehe
4 EL Kalb- oder Geflügeljus
20 ml Rotwein
1 EL fein geschnittene Kräuter (Petersilie, Basilikum und Salbeiblatt)
½ TL Mehl
1 EL Olivenöl
½ EL guter Balsamico
Salz und Pfeffer aus der Mühle

Schwarze und grüne Oliven

1. Haut und Adern von der Leber abtrennen, danach in einem Küchenmixer die Leber 10 Sekunden grob mixen oder alternativ in feine Würfelchen schneiden. Die Champignons gut mit einem Küchenkrepp abreiben und ebenfalls fein würfeln.

2. Eine Teflonpfanne mit der Knoblauchzehe ausreiben, mit Öl erhitzen, Schalotten 30 Sekunden darin schwenken. Nun Leber und Champignons dazugeben und bei starker Hitze gut rührend gerade trockenbraten (ca. 2–3 Minuten). Mehl darüber verteilen und mit dem Rotwein und der Jus gut verrühren und dickflüssig einköcheln lassen. Leicht abkühlen, mit Balsamico, Salz, Pfeffer und den Kräutern herzhaft abschmecken.

3. Brotscheiben im Toaster oder in einer heißen Pfanne mit feinem Olivenöl beidseitig hellbraun anbraten. Je ½ cm dick Leberconfit aufstreichen, Oliven vierteln, auflegen und schnell servieren.In einem Weckglas verschlossen, kann dieses Confit ca. vier Tage im Kühlschrank aufbewahrt werden.

Tipp

Etwas erwärmtes Leberconfit auf Risotto oder Nudeln mit einem Salat ist ein köstliches Essen.

Gebackenes Kaninchen

mit Morcheln, Speckerbsen und Senfkorn-Vinaigrette

Für 4 Personen

Gebackenes Kaninchen
2 Kaninchenrücken
100 g Weißbrotbrösel
50 g Speckscheiben, knusprig geröstet
1 Ei
Salz, Pfeffer, Mehl
200 g Morcheln, frisch
1 Schalotte

Senfkorn-Vinaigrette
200 ml Kaninchenfond, klar und kräftig (Grundrezepte)
1 Msp Xanthan (Bindemittel aus Algen)
1 TL grobkörniger Dijonsenf
40 g eingelegte Senfkörner (Grundrezepte)
20 ml Olivenöl, fruchtig
20 ml Limonen-Olivenöl
20 ml Balsamico, 5 Jahre
2 Granny Smith, fein gewürfelt
Trockenkräuter
Salz, Pfeffer

Speckerbsen
30 g Schalotten
30 g Räucherspeck
10 g Butter
Thymianzweige
20 ml Noilly Prat
100 ml Sahne
250 g Erbsen, fein TK
Salz, Pfeffer aus der Mühle
2 EL gelbe Erbsen, gekocht und geschält
2 EL grüne Erbsen, gekocht und geschält
2 EL Bauchspeck, fein gewürfelt, geröstet

1 Sch Erbsensprossen (Affilla)
Erbsen, blanchiert

1. Den Kaninchenrücken auslösen und parieren, die Knochen und Parüren für den Fond verwenden. Die trockenen Weißbrotbrösel mit den gerösteten Speckscheiben fein mixen. Die Kaninchenrücken mit Salz und Pfeffer würzen und in Mehl und verquirltem Ei wenden und anschließend in den Speckbröseln panieren. Das Kaninchenfilet erst kurz vor dem Servieren in heißem Fett etwa 2 Minuten knusprig backen und kurz ruhen lassen.

2. Die Morcheln in Butter mit Schalottenwürfeln sautieren und mit Salz und Pfeffer würzen.

3. Den Kaninchenfond mit Xanthan und Dijonsenf aufmixen und passieren. Den groben Senf mit lauwarmem Wasser spülen und die verbleibenden Senfkörner in einem Sieb abtropfen lassen. Die Senfkörner und die eingelegten Senfkörner in den Fond geben. Die Öle und den Essig unterrühren und mit Apfelwürfeln, Trockenkräutern, Salz und Pfeffer würzig abschmecken.

4. Schalotten und Räucherspeck in Streifen schneiden und in Butter anrösten. Thymianzweig zufügen und mit Noilly Prat ablöschen. Einreduzieren und mit der Sahne auffüllen, einmal aufkochen und 20 Minuten ziehen lassen. Nochmals aufkochen, mit angerührter Stärke etwas binden und mit Salz, Pfeffer kräftig abschmecken. Die Sahne durch ein feines Sieb passieren und mit den aufgetauten, ausgedrückten Erbsen sehr fein pürieren. Nochmals abschmecken und durch ein Passiersieb streichen.

5. Das Erbsenpüree zum Servieren erwärmen und die gelben und grünen Erbsen mit den gerösteten Speckwürfeln unterheben. Die Speckerbsen mit einem rechteckigen Rahmen in der Tellermitte anrichten. Die Kaninchenfilets aufschneiden und mit den Morcheln auf den Speckerbsen arrangieren. Die Senfkorn-Vinaigrette anrichten und mit Erbsensprossen und Erbsen garnieren.

Kalbsfilet im Kräutermantel

mit Thunfisch-Basilikumsauce und Nudel-Gemüsesalat

1. Das Kalbsfilet leicht mit Olivenöl einreiben und mit Salz und Pfeffer würzen. Die fein gehackten Kräuter auf eine Platte geben, das Fleischstück über die Kräuter rollen, so dass es rundum gut grün bedeckt ist. Jetzt das Filet drei bis viermal in eine hitzebeständige Klarsichtfolie einrollen, danach ebenso in Alufolie und das Ganze straff in Form (Wurst) drehen. Das Filet in siedendem Wasser (ca. 85 °C) 15 Minuten pochieren (Kerntemperatur 55 °C) und in der Folie im Kühlschrank ca. 4 Stunden kühlen.

2. Für den Nudel-Gemüsesalat das Gemüse ca. 1 mm dick und 2 mm breit schneiden. In leichtem Salzwasser nur kurz bissfest garen und sofort in Eiswasser abkühlen. Zum Servieren für die Sauce alle Zutaten verrühren, würzig abschmecken und die abgetropften Nudeln und Gemüsestreifen mit den Kräutern gut vermischen.

3. Für die Thunfisch-Basilikumsauce: Alle Zutaten bis auf das Öl im Mixer fein pürieren, zum Schluss in die rotierende Masse langsam das kalte Olivenöl laufen lassen. Die dickflüssige Sauce durch ein feines Sieb passieren, mit Salz und Pfeffer sehr würzig abschmecken und bis zum Servieren abgedeckt gut kühl stellen.

4. Das Kalbsfilet auspacken, auf einer Aufschnittmaschine dünne Scheiben schneiden und diese auf kalten Tellern nicht ganz bis zum äußeren Rand auslegen. Von den Fleischscheiben bis zum Rand dünn Sauce verteilen. Das Fleisch mit Pfeffer aus der Mühle und gutem Salz (Fleur de Sel) würzen. Mit einer kleinen Fleischgabel Nudel- Gemüsesalat aufdrehen (Rollen) und auf die Tellermitten platzieren. Nach Wunsch Olivenölpunkte auf die Sauce verteilen und mit einem Holzspieß durchziehen und gleich mit ofenwarmem Brot servieren.

Für 4 Personen

Kalbsfilet
1 pariertes Kalbsfilet 500g
30 g fein gehackte Gartenkräuter
15 g Petersilienblätter
Rest: Basilikum, Kerbel, Estragon und Thymian
1 cl Olivenöl
Salz und Pfeffer

Nudel-Gemüsesalat
80 g feine Nudeln, bissfest gekocht (Grundrezept)
200 g Gemüsestreifen von: Karotten, Sellerie, Kohlrabi und Kaiserschoten

Sauce zum Nudelsalat
1 EL Olivenöl
1 EL Pinienkernöl oder Nussöl
½ EL lieblicher weißer Balsamico
Spritzer Zitrone
½ TL milder Senf
1 EL fein geschnittene Kräuter: Petersilie, Kerbel, Estragon, Basilikum
Salz und Pfeffer

Thunfisch-Basilikumsauce
2 Eigelbe
2 TL Balsamico
1 TL Zitronensaft
½ TL Senf, scharf
2 Sardellenfilets oder
1 EL Sardellenpaste
1 EL Kapern
200 g Thunfischstücke in Öl (Konserve)
200 ml Olivenöl, mild
1 Bd Petersilie
10 Basilikumblätter
¼ Knoblauchzehe, geschält
Salz und weißer Pfeffer

Putenbrust in Kräuterpanade

mit Kräuterpanade, Avocadopüree, warmem Kartoffelsalat und kleinem Kräutersalat

Für 4 Personen

320 g Putenbrust
4 St angetrocknete Toastbrotscheiben
20 g trockene Kräuterblättchen (Petersilie 50%, Kerbel, Basilikum je 20%, Estragon und Thymian je 5%)
1 Ei
1 EL Mehl
40 ml Olivenöl
Salz und Pfeffer

Kartoffelsalat
300 g Bamberger Hörnchen (kleine Kartoffeln)
1 EL Schalottenwürfel
1 EL gewürfelter Bauchspeck
50 ml warmer Geflügelfond (s. Grundrezept)
10 ml Sonnenblumenöl
10 ml mildes Olivenöl
1 EL Balsamico, weiß
1 TL mittelscharfer Senf
1 EL fein geschnittene Petersilie
Salz und Pfeffer aus der Mühle

Avocadocreme
1 Avocado, reif
1 EL Korianderblättchen
1 EL Olivenöl
1 TL Limonenöl
1 TL Balsamico, weiß
1 Msp Estragonsenf
1 Msp Harissapaste
Salz und Pfeffer aus der Mühle
Zucker

Kleiner Kräutersalat
Salatspitzen und Kräuter nach Wunsch und Jahreszeit
1 TL Zitronensaft
1 El Olivenöl
½ EL Walnussöl
Salz und Pfeffer

Radieschenstreifen

1. Für die Panade die angetrockneten Toastbrotscheiben grob würfeln und mit den Kräutern im Küchenmixer zu Paniermehl mixen. Das Putenfleisch in 16-24 gleichmäßige Stücke schneiden. Diese mit Salz und Pfeffer würzen, leicht mehlieren, in das aufgeschlagene Ei geben und gut abgetropft mit der Kräuterpanade vermischen und auf ein Papierkrepp legen. Die Putenbrustwürfel in reichlich heißem Olivenöl ca. 2 Minuten beidseitig saftig braten, danach auf Papierkrepp gut abtropfen und warm halten.

2. Die Kartoffeln waschen und in leichtem Salzwasser gar kochen und das Wasser abschütten. Die Kartoffeln noch lauwarm schälen und in gleichmäßige Scheiben schneiden. Nebenbei die Schalotten und den Speck in heißem Olivenöl ca. zwei Minuten schwenken und abkühlen. Mit allen Zutaten für die Sauce gut verrühren und würzig abschmecken. Kartoffeln und Petersilie mit der Sauce gut vermischen, eventuell nachwürzen. Den Kartoffelsalat abgedeckt beiseite stellen (nicht zu kühl).

3. Die Avocado schälen und grob würfeln. Dann mit den restlichen Zutaten in einer Moulinette nicht ganz fein mixen. Aus Zitronensaft, Öl und Gewürzen eine Salatsauce zubereiten und mit den Salatspitzen und Kräutern zu einem kleinen Salat mischen. Die Avocadocreme mit einem Metallring knapp 1 cm dick auf kalte Teller verteilen, darüber Kartoffelsalat geben. Marinierten Kräutersalat obendrauf legen, Radieschenstreifen und Schnittlauchcreme platzieren und mit den warmen Putenwürfeln schnell servieren.

Räucheraalschnitte mit Spargel

mit Bronzefenchel, Gurken-Relish und Gurken-Meerretticheis

1. Den Räucheraal filetieren und in 8 schöne quadratische Stücke portionieren. Das restliche Filet für die Räucheraalschnitte in kleine Würfel schneiden und aus den Abschnitten und den Gräten einen konzentrierten Fond kochen. (Grundrezepte).

2. Den Räucherfond erhitzen und die eingeweichte Gelatine darin auflösen. Den Fond auf Eis abkühlen, bis er zu gelieren beginnt, dann die geschlagene Sahne, den gewürfelten Aal und den Spargel unterheben. Mit gehacktem Bronzefenchel, Salz, Pfeffer und Zitronensaft abschmecken und in einen Rahmen von 15 x 20 cm einfüllen.

3. Spinat, Brunnenkresse und Petersilie putzen, waschen und für einige Sekunden blanchieren und in Eiswasser abschrecken. Alles gut ausdrücken und zusammen mit dem Gemüsefond, dem gekochten Ei und den restlichen Kräutern im Mixer fein pürieren. Bei laufendem Gerät das Rapsöl nach und nach einarbeiten. Die Emulsion mit Salz und Pfeffer abschmecken, passieren und kaltstellen.

4. Die Räucheraalschnitte in Quadrate von 4 x 4 cm schneiden und nebeneinander auf Teller platzieren. Die Spargelstangen mit Rapskernöl, Salz und Pfeffer marinieren und an die Aalschnitte anlegen. Das Gurken-Relish mit einem Spritzbeutel aufdressieren und dazwischen jeweils einen Löffel Kräuteremulsion auftragen. Die Filoteigblätter auf die Aalschnitte setzen und je ein Stück Räucheraal darauf platzieren. Jeweils ein Nocke Gurken-Meerrettich-Sorbet auf dem Aal anrichten. Etwas frisch geriebenen Meerrettich auf Aal und Eis streuen und mit Bronzefenchel und Papriakapulver dekorieren.

Für 4 Personen

1 Räucheraal, 500g

Spargel-Gâteau
125 g Räucheraalfond
2 ½ Bl Gelatine
50 g Sahne, geschlagen
70 g Räucheraal, gewürfelt
120 g grüner Spargel, gekocht und gewürfelt
1 EL gehackter Bronzefenchel (Staudenfenchel)
Salz, Pfeffer, Zitronensaft

Kräuteremulsion
50 g Spinat
50 g Brunnenkresse
50 g Petersilie
100 ml Gemüsefond
1 Ei, wachsweich gekocht
20 g Pimpinelle
20 g Kerbel
20 g Süßdolde (Myrrhenkerbel)
10 g Estragon
60 g Rapskernöl, kalt gepresst
Salz und Pfeffer aus der Mühle

120 g Gurken-Relish (siehe Grundrezepte)
4 Spargelstangen, weiß, gekocht
1 EL Rapskernöl
8 Filoteigblätter 5 x 5 cm, knusprig gebacken
4 TL Gurken-Meerrettich-Sorbet (siehe Grundrezepte)
1 Msp Paprikapulver
Bronzefenchel (Staudenfenchel)

Suppen

Grundrezepte Fonds, Farcen und Reduktionen
Grundrezepte Farcen
Blattsalat-Kräutersuppe
Gänseklein-Consommé
Karottensüppchen
Spinat-Bärlauchsuppe
Helle Tomatenessenz
Kürbissüppchen

Grundrezepte Fonds, Farcen und Reduktionen

Fischfond

Alle Rezepte für je 1 Liter

Die Fischgräten zerkleinern und in eine Schüssel geben. Mit kaltem fließenden Wasser so lange wässern, bis das Wasser ganz klar abläuft. Den Sellerie und Lauch waschen, putzen und würfeln. Die Schalotten schälen und vierteln. In der erhitzten Butter glasig dünsten. Fischgräten, Gemüse, Kräuter und Gewürze zufügen, mit Wein und kaltem Wasser bedecken. Bei milder Hitze im offenen Topf 15 Minuten köcheln lassen und – falls nötig – zwischendurch abschäumen. Den Fischfond durch ein sehr feines Haarsieb oder Tuch passieren.

750 g Fischgräten (von z.B. Seezunge, Steinbutt, Zander)
80 g Staudensellerie
½ Lauchstange (nur das Helle)
5 Schalotten
20 g Butter
4 glatte Petersilienzweige
1 Thymianzweig, 1 Estragonzweig
1 Lorbeerblatt, 1 Gewürznelke
6 weiße Pfefferkörner
500 ml Weißwein

Weißwein-Fischfumet

Kartoffel und Schalotte würfeln und in etwas Butter anschwitzen, mit Noilly Prat und Weißwein ablöschen. Den Alkohol auf die Hälfte einkochen, mit Fischfond und Sahne auffüllen und etwa zehn Minuten köcheln. Die Grundsauce mixen und durch ein feines Sieb passieren, mit Salz und Pfeffer abschmecken. Die Sauce dient als Basis für grüne Kräutersaucen, wie etwa Sauerampfersauce.

1 kleine Kartoffel
1 Schalotte
Butter zum Anschwitzen
100 ml Noilly Prat
200 ml Weißwein
200 ml Fischfond, hell und kräftig
100 ml Sahne
Salz und Pfeffer aus der Mühle
Balsamico, weiß

Hummer-, Langusten- oder Krebsfond

1. Die Karkassen gut unter fließend kaltem Wasser abspülen. Abtropfen lassen und im Mörser fein zerstampfen. In dem erhitzten Butterfett zusammen mit dem Gemüse anrösten. Mit dem Cognac ablöschen und flambieren. Den Weißwein dazugießen, die Tomaten im Mixer pürieren und unterrühren. Alles mit kaltem Wasser bedecken. Gewürze und Kräuter untermischen und bei milder Hitze im offenen Topf 20 Minuten köcheln lassen.

2. Ein Durchschlagsieb mit einem Passiertuch auslegen und den Krustentierfond hineinschütten. Die Tuchenden fassen und gleichmäßig nach unten und oben bewegen, so lange, bis der Fond durchgelaufen ist. Durch diesen Vorgang kommt mehr von der Tomatenessenz durch das Tuch und gibt damit dem Fond eine schöne rote Farbe.

500 g Karkassen von Krustentieren
30 g Butterschmalz oder geklärte Butter
250 g Gemüse, wie z.B. Karotten, Lauch, Zwiebeln, Fenchel, Staudensellerie
40 ml Cognac
200 ml Weißwein, trocken
250 g Tomaten, geschält (aus der Dose)
½ Knoblauchzehe
Pfefferkörner, weiß und zerstoßen
5 Pimentkörner
1 Thymianzweig
2 Estragonzweige

Grundrezepte Fonds, Farcen und Reduktionen

Entenconsommé

2 kg Entenkarkassen
Öl zum Braten
200 g Mirepoix (Röstgemüse: 100 g Zwiebeln, 100 g zu gleichen Teilen Möhren, Sellerie, Lauch)
1 l Geflügelfond, hell
Salz und Pfeffer aus der Mühle
1 EL Tomatenmark
200 ml Weißwein
2 Lorbeerblätter
2 Thymianzweige
5 Wacholderbeeren
2 Nelken
300 g Entenkeulenfleisch
1 Karotte
½ Lauchstange, klein
2 Staudenselleriestangen
1 Zwiebel
40 ml Sherry
40 ml Madeira
10 g Ingwerwurzel
5 Korianderzweige
2 Eiweiß
Salz, Bergpfeffer

1. Die Entenknochen hacken und zusammen mit den Abschnitten in heißem Öl anbraten. Vom Röstgemüse zuerst die Zwiebeln zugeben, gut anbräunen lassen, dann das restliche Gemüse und Tomatenmark zugeben. Mit grobem Pfeffer aus der Mühle würzen. Mit Weißwein ablöschen und mit der Geflügelbrühe und kaltem Wasser auffüllen. Die Knochen sollen gerade bedeckt sein.

2. Aufkochen und die Gewürze zugeben. Bei kleiner Hitze drei Stunden ziehen lassen. Durch ein Tuch passieren und kühl stellen.

3. Zum Klären der Brühe das ausgelöste Entenkeulenfleisch und das Gemüse durch die grobe Scheibe (Erbsenscheibe) des Fleischwolfes drehen. Das Eiweiß zugeben und die Masse mit Sherry, Madeira, Ingwer und Koriander aromatisieren.

4. Das Klärfleisch mit dem Schneebesen in die abgekühlte Brühe einrühren und bei mittlerer Hitze zum Kochen bringen, dabei öfter umrühren. Eine Stunde bei kleiner Hitze ziehen lassen, vorsichtig durch ein Tuch passieren und mit Salz und Bergpfeffer abschmecken.

Geflügelfond, hell

2 kg Geflügelknochen
200 ml Weißwein, trocken
50 g Champignons
100 g Schalotten
60 g Karotten
50 g Knollensellerie
40 g Lauch
2 glatte Petersilienzweige
2 Estragonzweige
1 Gewürznelke
½ Lorbeerblatt

1. Die Knochen klein hacken. Mit kaltem Wasser und dem Wein bedecken, zum Kochen bringen und abschäumen. Das Gemüse waschen, putzen, klein schneiden und zusammen mit Kräutern und Gewürzen zu den Knochen geben. Bei milder Hitze im offenen Topf 1 ½ Stunden köcheln lassen.

2. Durch ein Sieb oder Tuch passieren und entfetten – entweder in heißem Zustand mit Küchenpapier absaugen oder die Brühe erkalten lassen und dann die Fettschicht abheben.

Grundrezepte Fonds, Farcen und Reduktionen

Geflügelfond, dunkel

1. Die Geflügelknochen klein hacken und in dem erhitzten Öl rundherum kräftig anbraten. Man kann die Knochen auch ohne Fett auf einem Backblech im Ofen anrösten und dann erst in einen Topf umfüllen. Das geputzte, zerkleinerte Gemüse zufügen, kurz mitrösten und das Tomatenmark unterrühren. Mit dem Wein auffüllen und die Flüssigkeit stark einkochen lassen. Mit kaltem Wasser bedecken, aufkochen lassen und abschäumen. Kräuter und Gewürze zufügen und bei milder Hitze im offenen Topf 2 Stunden köcheln.

2. Durch ein Sieb oder Tuch passieren und nach Belieben entfetten – entweder in heißem Zustand mit Küchenpapier absaugen oder die Brühe erkalten lassen und dann die Fettschicht abheben.

2 kg Geflügelknochen
2 EL Öl
150 g Zwiebeln
60 g Karotten
40 g Knollensellerie
40 g Tomatenmark
200 ml Weiß- oder Rotwein
½ Lorbeerblatt
1 Thymianzweig
10 Pfefferkörner, schwarz
1 Gewürznelke

Kalbsfond, hell

1. Die Knochen klein hacken. Mit kaltem Wasser und Wein bedecken und zum Kochen bringen. Abschäumen. Das geputzte, zerkleinerte Gemüse, die Gewürze und Kräuter zufügen und im offenen Topf bei milder Hitze 2 bis 2 ½ Stunden köcheln lassen.

2. Durch ein feines Haarsieb oder Tuch passieren und falls nötig entfetten – entweder in heißem Zustand mit Küchenpapier absaugen oder die Brühe erkalten lassen und dann die Fettschicht abheben.

2 kg Kalbfleischknochen
200 ml Weißwein, trocken
150 g Zwiebeln
60 g Karotten
40 g Knollensellerie
40 g Lauch
1 Tomate
1 Gewürznelke
6 Pfefferkörner, weiß
½ Knoblauchzehe
1 Thymianzweig
1 Rosmarinzweig
3 Petersiliezweige
2 Estragonzweige

Wildjus, dunkel

Die Schalotten schälen und in Scheiben schneiden. In der erhitzten Butter mit den Parüren anschwitzen. Mit Rotwein und dunklem Wildfond aufgießen, die Gewürze zufügen und bei milder Hitze auf 400 ml Flüssigkeit reduzieren. Durch ein feines Haarsieb passieren und nochmals um die Hälfte einkochen. Mit Salz abschmecken. Diese Sauce ist eine neutrale, kräftige Basissauce für Wildgerichte.

200 g Schalotten
200 g Wildparüren und Abschnitte
20 g Butter, 200 ml Rotwein
1 l Wildfond, dunkel
8 Pfefferkörner, zerdrückt, Salz
5 Wacholderbeeren
1 Gewürznelke, 1 Thymianzweig

Grundrezepte Fonds, Farcen und Reduktionen

Kalbsfond, dunkel

2,5 kg Kalbsknochen
2 EL Öl
150 g Zwiebeln
60 g Karotten
40 g Knollensellerie
40 g Tomatenmark
200 ml Rotwein, trocken
½ Lorbeerblatt
1 Thymianzweig
1 Rosmarinzweig
10 Pfefferkörner
1 Gewürznelke
5 Pimentkörner
½ Knoblauchzehe

1. Die Knochen klein hacken und in dem erhitzten Öl von allen Seiten kräftig anbraten. Das Fett abgießen. Das Gemüse waschen, putzen, klein schneiden und zufügen. Unter ständigem Rühren anrösten. Das Tomatenmark unterrühren, nach und nach Wein und etwas Wasser zugießen, dabei immer wieder ein bisschen einkochen lassen; so erhält der Fond später eine schöne klare Farbe. Nach dem letzten Einkochen die Knochen gut mit Wasser bedecken, aufkochen lassen und abschäumen. Kräuter und Gewürze zufügen und bei milder Hitze im offenen Topf 2 bis 2 ½ Stunden köcheln lassen.

2. Durch ein Sieb oder Tuch passieren und nach Belieben entfetten – entweder in heißem Zustand mit Küchenpapier absaugen oder die Brühe erkalten lassen und dann die Fettschicht abheben.

Milchlamm- oder Zickleinfond

2 kg Milchlamm- oder Zickleinknochen
150 g Zwiebeln
60 g Karotten
40 g Sellerie
1 Knoblauchzehe (mit Schale)
40 g Tomatenmark
4 EL Olivenöl
½ Lorbeerblatt
1 Gewürznelke
1 Thymianzweig
1 Rosmarinzweig
8 Pfefferkörner (schwarz und weiß)
200 ml Weiß- oder Rotwein

1. Die Knochen klein hacken und zusammen mit dem gesamten geputzten und zerkleinerten Gemüse in einer Kasserolle mit Olivenöl im Ofen hell anrösten. Knoblauch, Tomatenmark, Lorbeer, Nelke, Thymian, Rosmarin und Pfefferkörner zufügen.

2. Mit Wein und Wasser auffüllen und offen im Ofen oder auf dem Herd bei milder Hitze 2 Stunden köcheln lassen. Durch ein Sieb passieren und falls nötig entfetten (mit Küchenpapier im heißen Zustand oder die Brühe erkalten lassen und die erstarrte Fettschicht abheben).

Tipp

Wenn man das Tomatenmark weglässt und Weißwein verwendet, erhält man einen hellen Fond.

Grundrezepte Fonds, Farcen und Reduktionen

Lammfond, dunkel

2,5 kg Lammknochen
2 EL Olivenöl
150 g Zwiebeln
60 g Karotten
50 g Knollensellerie
50 g Tomatenmark
300 ml Rotwein
1 Lorbeerblatt
1 Thymianzweig
1 Rosmarinzweig
½ Knoblauchzehe
5 Pimentkörner
10 Pfefferkörner
1 Gewürznelken

1. Die Knochen klein hacken und in einer Kasserolle in dem erhitzten Öl von allen Seiten anbraten. Das geputzte, zerkleinerte Gemüse zufügen und mit anrösten. Das angesammelte Fett abgießen. Das Tomatenmark unterrühren und nochmals anrösten. Nach und nach Wein und Wasser dazugießen, dabei zwischendurch immer wieder die Flüssigkeit einköcheln lassen. Das gibt dem Fond eine schöne klare, dunkelbraune Farbe.

2. Nach dem Einkochen die Knochen mit kaltem Wasser bedecken, aufkochen und abschäumen. Die Kräuter und Gewürze zufügen und bei milder Hitze im Ofen oder auf dem Herd im offenen Topf etwa 3 ½ Stunden köcheln lassen.

3. Durch ein feines Haarsieb oder Tuch passieren und falls nötig entfetten – entweder in heißem Zustand mit Küchenpapier absaugen oder die Brühe erkalten lassen und dann die Fettschicht abheben.

Wild- oder Wildgeflügelfond

2,5 kg Wildknochen
2 EL Öl
150 g Zwiebeln
60 g Karotten
40 g Knollensellerie
50 g Tomatenmark
300 ml Rotwein
1 Lorbeerblatt
1 Thymianzweig
1 Rosmarinzweig
5 Pimentkörner
10 Pfefferkörner, schwarz
10 Wacholderbeeren
1 Gewürznelke

1. Die Knochen fein zerhacken und in einer Kasserolle in dem erhitzten Öl anbraten. Das geputzte, zerkleinerte Gemüse zufügen und 5–8 Minuten mitrösten. Das Fett abgießen und das Tomatenmark unterrühren. Nochmals kurz anrösten. Nach und nach den Wein und Wasser zugießen, zwischendurch die Flüssigkeit immer wieder ganz einkochen lassen. Nach dem letzten Einkochen kaltes Wasser über die Knochen geben, aufkochen lassen und abschäumen. Die Kräuter und Gewürze zufügen, bei milder Hitze im Ofen oder auf dem Herd im offenen Topf 2 bis 2 ½ Stunden köcheln lassen.

2. Durch ein feines Haarsieb oder Tuch passieren und falls nötig entfetten – entweder in heißem Zustand mit Küchenpapier absaugen oder die Brühe erkalten lassen und dann die Fettschicht abheben. Nach Belieben zur gewünschten Konsistenz einköcheln.

Grundrezepte Fonds, Farcen und Reduktionen

Fischfarce

200 g Zanderfilet
(alternativ: Hecht oder Forelle)
180 g Sahne
Salz
Tabasco
20 ml Sherry, trocken
Saft von ½ Zitrone

Das Zanderfilet häuten und die Gräten ziehen. Das Fleisch klein schneiden und mit Salz und einem Spritzer Tabasco würzen. Den gewürzten Fisch und die Sahne separat in das Tiefkühlfach geben und beides leicht anfrieren lassen. Nach etwa 30 Minuten die Fischmasse in einen Küchenmixer geben und 10 bis 20 Sekunden durchmixen. Zuerst die Hälfte der Sahne zufügen, kurz durchmixen und dann den Rest dazugießen. Alles schnell zu einer glatten glänzenden Farce verarbeiten. Die Farce durch ein feines Haarsieb streichen, mit Sherry, etwas Zitronensaft und Salz abschmecken.

Krustentierfarce

Rohes, ausgebrochenes Hummerfleisch oder ausgebrochene rohe Langustinen im Verhältnis 1 : 1 zum Zanderfilet verarbeiten (siehe Rezept Fischfarce oben)

Für dieses Rezept werden 100 g Hummer oder Langustenfleisch und 100 g Zander verwendet, ansonsten bleiben Zutaten und die Verarbeitung wie im Rezept für die Fischfarce.

Geflügelfarce

100 g Poularden- oder Hähnchenbrustfleisch (ohne Haut)
30 g Gänsestopfleber
Salz und weißer Pfeffer aus der Mühle
100 g Sahne
20 ml Portwein, weiß

Poulardenbrustfleisch und Gänsestopfleber fein schneiden und abschmecken. Das gewürzte Fleisch und die Sahne jeweils in das Tiefkühlfach geben und beides leicht anfrieren lassen. Geflügelfleisch zusammen mir der Sahne im Küchenmixer zu einer glatten glänzenden Farce vermixen. Die Farce 15 Minuten kühl stellen, durch ein feines Passiersieb streichen und mit Portwein und einer Prise Salz abschmecken. Varianten: Kalbsfleischfarce wird mit Kalbfleisch, Kaninchenfarce mit Kaninchenfleisch und Wildfarce mit Rehfleisch zubereitet.

Tipp

Damit die Farce gelingt und nicht stumpf und trocken wird, ist es wichtig, dass das Fleisch und die Sahne im leicht angefrorenen Zustand – also gut durchgekühlt – verarbeitet werden. Durch die hohe Drehzahl des Mixers erwärmt sich die Masse zu schnell und könnte dann gerinnen (verbrennen). Gänsestopfleber verfeinert die Farce. Sie können aber darauf verzichten.

Blattsalat-Kräutersuppe

mit gebackenem Kalbshirn und sautiertem Bries

1. Die Kartoffel und die Schalotte würfeln und in etwas Butter anschwitzen, dann mit Noilly Prat und Weißwein ablöschen. Den Alkohol auf die Hälfte einkochen, dann mit Kalbsfond und Sahne auffüllen und noch etwa zehn Minuten köcheln.

2. Inzwischen den Lattich, die Kresse und die Blattpetersilie in kochendem Salzwasser blanchieren, in Eiswasser abschrecken und trocken ausdrücken. Die Grundsuppe mit den blanchierten Salaten, Kerbel, Estragon und der Butter im Mixer fein pürieren und durch ein feines Sieb passieren, dann mit Salz, Pfeffer und weißem Balsamico abschmecken.

3. Das Kalbshirn 24 Stunden gut wässern und von Äderchen sauber putzen. Dann in gesalzenem Kalbsfond mit Essig, Zwiebel und Lorbeerblatt kurz pochieren, so dass die Konsistenz etwas fester wird. Das Hirn im Fond auskühlen lassen, mit Küchenkrepp abtrocknen, portionieren und mit wenig Mehl, Ei und Weißbrotbröseln panieren.

4. Das Bries etwa 30 Minuten kalt wässern, dann mit Küchenpapier abtrocknen, in acht Stückchen schneiden, salzen, pfeffern und in heißer Butter goldbraun schwenken. Das Hirn in heißem Öl knusprig und saftig backen und mit dem Bries auf Holzspieße stecken. Die Suppe mit einem Mixstab aufschlagen und in vorgewärmte Gläser oder Tassen füllen. Je einen Spieß mit etwas Brunnenkresse dazu servieren.

Für 4 Personen
Ruhezeit: 24 Stunden

1 Kartoffel, klein
1 Schalotte
100 ml Noilly Prat
100 ml Weißwein
200 ml Kalbsfond, hell und kräftig (Grundrezepte)
100 ml Sahne
50 g Butter
1 St Lattich oder Romanasalat
½ Bd Brunnenkresse
½ Bd Blattpetersilie
½ Bd Kerbel
2 Estragonzweige
Salz und Pfeffer aus der Mühle
Weißer Balsamico

Spieße
100 g Kalbsbries, frisch
150 g Kalbshirn, frisch
½ l Kalbsfond
etwas Weißweinessig
1 Zwiebel, klein
1 Lorbeerblatt
Mehl, Ei, Semmelbrösel
Brunnenkresseblättchen
4 Holzspieße

Gänseklein-Consommé

mit Kräuter-Grießnocken

Für 4 Personen

2 Gänsekarkassen
Öl zum Braten
200 g Mirepoix (Röstgemüse)
1 l Geflügelfond, hell
(s. Grundrezept)
Salz und Pfeffer aus der Mühle
1 EL Tomatenmark
200 ml Weißwein
2 Lorbeerblätter
2 Thymianzweige
5 Wacholderbeeren
2 Nelken
300 g Gänsekeulenfleisch
1 Karotte
½ Lauchstange, klein
2 Staudenselleriestangen
1 Zwiebel
40 ml Sherry
40 ml Madeira
10 g Ingwerwurzel
Beifußzweige
2 Eiklar

Einlage
2 Gänseherzen
2 Gänsemägen
2 Gänselebern
Pökelsalz
100 g Gänsestopfleber
Gemüserauten (1 Karotte,
½ Lauchstange, 2 Staudensellerie)
6 Buchenpilze

Kräutergrießnocken
125 g Milch
20 g Butter
60 g Grieß
1 Ei
1 EL Kräuterpüree (z.B. aus einem kleinen Bund Kerbel, Pimpinelle und Estragon)
Salz und Pfeffer

1. Die Gänsekarkassen hacken und in heißem Öl anbraten. Vom Röstgemüse zuerst die Zwiebeln zugeben, gut anbräunen lassen, dann das restliche Gemüse und Tomatenmark zugeben. Mit grobem Pfeffer aus der Mühle würzen. Mit Weißwein ablöschen und mit dem Geflügelfond und kaltem Wasser auffüllen. Die Karkassen sollten gerade bedeckt sein. Aufkochen und die Gewürze zugeben. Bei kleiner Hitze zwei Stunden ziehen lassen. Durch ein Tuch passieren und kühl stellen.

2. Zum Klären der Brühe das ausgelöste Gänsekeulenfleisch und das Gemüse durch die große Scheibe des Fleischwolfes drehen. Das Eiklar zugeben und die Masse mit Sherry, Madeira und Beifuß aromatisieren. Das Klärfleisch mit dem Schneebesen in die abgekühlte Brühe einrühren und bei mittlerer Hitze zum Kochen bringen, dabei öfter umrühren. Eine Stunde bei kleiner Hitze ziehen lassen, vorsichtig durch ein Tuch passieren und mit Salz und Pfeffer abschmecken.

3. Die Milch mit der Butter aufkochen und den Grieß einrühren, dann etwas quellen lassen. In der Zwischenzeit das Kräuterpüree herstellen. Dafür ein kleines Bund Petersilie ohne Stängel blanchieren, in Eiswasser abschrecken und gut ausdrücken. Dann mit frischen Kräutern nach Belieben sehr fein mixen. Das Ei mit dem Kräuterpüree unter die Grießmasse heben und mit Salz und Pfeffer abschmecken. Die Masse mit Kaffeelöffeln zu kleinen Nocken formen und in siedendem Salzwasser pochieren, bis die Klößchen an der Oberfläche schwimmen.

4. In einem Teil der Consommé die gepökelten Innereien, die Gemüserauten und Buchenpilze, pochieren. Die Gänseleber in vier Stücke portionieren und saftig braten. Die gepökelten Innereien portionieren und mit der gebratenen Leber, Grießnocken, Gemüserauten und Buchenpilzen in tiefen Tellern anrichten und mit der heißen Consommé bedecken.

Karottensüppchen

mit gebackenem Fleischbällchen

1. Den Lauch und die Karottenwürfel in heißer Butter schwenken, mit Noilly Prat ablöschen und zwei Minuten köcheln lassen. Den Karottensaft, Sahne und Brühe zugeben, etwa 12 Minuten köcheln lassen, im Küchenmixer fein pürieren und die Butter untermixen. Die Suppe fein passieren, mit Salz und Tabasco abrunden.

2. Die Zwiebeln in wenig heißer Butter eine Minute schwenken, Apfelwürfelchen zugeben und gut vermischen und abkühlen. Mit gewürfeltem Toastbrot, Petersilie und Milch gut vermischen und mit dem Fleisch durch den Fleischwolf drehen (feine Scheibe). Mit Salz und Pfeffer würzig abschmecken nach Wunsch Klößchen abdrehen. Diese in siedendes Wasser mit Salz ca. drei Minuten blanchieren und kühl stellen.

3. Für die Panierung die Toastbrotwürfelchen in heißer schäumender Butter hellbraun, knusprig schwenken und auf Papierkrepp abtropfen. Zum Servieren die Klößchen zuerst im Mehl wenden, dann in das aufgeschlagenen Ei geben und zuletzt mit den Brotwürfelchen vermischen, so dass diese rundum halten.

4. Als Einlage die Karottenwürfel bissfest in Butter sautieren. Die Fleischbällchen in der Friteuse bei 160 °C ca. 2 ½ Minuten backen und danach auf Spießchen stecken. Nach Wunsch kleine bissfest gekochte Möhren mit dem Fleischbällchen auf den Spieß stecken und auf die gefüllte Tasse legen und servieren.

Für 4 Personen

250 g Karotten, geschält und gewürfelt
2 EL Lauchwürfel (hell)
200 ml Karottensaft
100 ml Geflügelbrühe
100 ml Sahne
50 g Butterwürfel
40 ml Noilly Prat
Salz und Spritzer Tabasco

4 EL Kartoffelwürfelchen (Einlage)

Fleischbällchen
100 g Putenbrust
1 EL feine Zwiebelwürfelchen
1 EL feine Apfelwürfelchen
½ Toastscheibe ohne Rinde, gewürfelt
1 EL warme Milch
1 EL gehackte Petersilie
Salz und Pfeffer aus der Mühle

Panierung
1 EL Mehl
1 kleines Ei
20 g fein gewürfeltes Toastbrot
10 g Butter

Spinat-Bärlauchsuppe

mit Lammfilet im Salbei-Speckmantel

Für 4 Personen

Spinat-Bärlauchsuppe
½ Kartoffel
2 Schalotten
5 cl Noilly Prat
100 ml Weißwein
500 ml Lammfond oder Geflügelfond, hell (Grundrezept)
200 ml Sahne
120 g Butter
1 Bd Bärlauch
120 g Spinat
Salz und Pfeffer aus der Mühle
Olivenöl

Lammfilet
100 g Lammfleisch vom Rücken, Filet oder der Keule
4 St kleine Salbeiblättchen
4 St geräucherte dünne Bauchspeckscheiben
Salz und Pfeffer aus der Mühle

1. Die Kartoffel und die Schalotten würfeln und in etwas Butter anschwitzen, dann mit Noilly Prat und Weißwein ablöschen. Den Alkohol auf die Hälfte einkochen, dann mit hellem Lammfond auffüllen und um ein Drittel einkochen lassen. Danach die Sahne zufügen und noch etwa 10 Minuten köcheln. Inzwischen den Bärlauch und den Spinat in heißer Butter anschwenken, die Grundsuppe mit Bärlauch, Spinat und der Butter im Mixer fein pürieren und durch ein feines Sieb passieren, dann mit Salz, Pfeffer und Olivenöl abschmecken.

2. Das Fleisch wie kleine 1,5 cm dicke Schnitzel zuschneiden und mit Salz und Pfeffer leicht würzen. Je ein Salbeiblättchen auflegen und in die Speckscheibe einschlagen. Zum Servieren das Lammfleisch ca. 3 Minuten bei mittlerer Hitze in Olivenöl beidseitig saftig braten. Die aufgeschäumte Suppe in Tassen verteilen und je ein aufgespießtes Lammfilet auf die Tasse legen und servieren.

Helle Tomatenessenz

mit Lachsravioli und Spitzkohlroulade

1. Tomaten waschen, vierteln und mit Liebstöckel, Thymian, Knoblauch und kaltem Geflügelfond kurz mixen. Die Flüssigkeit in einen Topf mit Sieb und Passiertuch geben. So läuft sie langsam durch das Tuch und ergibt einen klaren, hellen Fond. Wenn man drückt oder schüttelt wird der Fond rötlich, weil sich Farbpigmente durch das Tuch drücken. Fond einmal aufkochen, mit Salz und Tabasco abschmecken.

2. Ei, Eigelb, Öl und Salz in eine Schüssel geben und mit dem Schneebesen verrühren. Mehl dazusieben und mit den Händen verkneten, bis sich der Teig von den Händen löst. Der Nudelteig muss glatt, fest und zäh sein. Zur Kugel formen, in Klarsichtfolie einschlagen und 30 Minuten kühl stellen, mit der Nudelmaschine feine oder breite Nudeln herstellen. Oder mit der Hand: den Nudelteig auf einer bemehlten Fläche mit Mehl dünn ausrollen, 10 Minuten antrocknen lassen und in 20 cm breite Bahnen schneiden, aufrollen und in die gewünschte Form schneiden. Anschließend in kochendem Salzwasser mit etwas Öl bissfest garen.

3. Den Nudelteig hauchdünn ausrollen, in acht Teile schneiden; portionierten Lachs mit Salz und Pfeffer würzen, dünn mit Farce rundum bestreichen, auf eine Nudelplatte mit Kerbelblatt auflegen. Teig mit Eiweiß bestreichen. Die zweite Nudelplatte auflegen, vorsichtig an Lachs und Nudelboden andrücken und mit einem Teigradler zu einem Fisch formen. Auf ein Backpapier legen, in siedendem Wasser mit einer Prise Salz und einem EL Olivenöl ca. 2 ½ Minuten garen.

4. Spitzkohl zerteilen, die harten Stielansätze und äußere Blätter entfernen. Zwölf Blätter zu Vierecken schneiden, in Salzwasser kurz blanchieren und in Eiswasser abschrecken, trockenlegen. Restliche Blätter und Abschnitte fein schneiden. Speckscheiben und Schalotte fein würfeln und in Gänseschmalz anschwitzen, Spitzkohlstreifen zugeben, gar dünsten, mit Salz und Pfeffer würzen, abkühlen lassen und Schnittlauch zugeben. Die Spitzkohlblätter auslegen, jeweils etwas von der Kohlfüllung daraufgeben und zu Bällchen formen.

5. Cherrytomaten häuten, entkernen und vierteln. Lachsravioli, Tomatenecken, Spitzkohlrouladen und Basilikumblätter auf heiße, tiefe Teller verteilen, heiße Tomatenessenz zugeben und servieren.

Für 4 Personen

Tomaten-Essenz
800 g Strauchtomaten, vollreif
½ Knoblauchzehe
500 ml Geflügelfond, hell (Grundrezept)
Salz, Tabasco und Pfeffer aus der Mühle
2 Liebstöckelblätter
1 Thymianzweig

Nudelteig
1 Ei
1 Eigelb
½ TL Olivenöl, kalt gepresst
Prise Salz
200 g Mehl

Lachsravioli
100 g Nudelteig
20 g Fischfarce (Grundrezept)
100 g Lachsfilet
4 Kerbelblättchen
1 Eiweiß
Salz und Pfeffer

Spitzkohl-Bällchen/-Rouladen
1 kl. Spitzkohlkopf
1 Schalotte
2 Speckscheiben, durchwachsen
2 EL Gänseschmalz
2 EL Schnittlauch, fein geschnitten
Salz, Pfeffer aus der Mühle
etwas Geflügelfond und Butter

(Alternativ: Die Rouladen werden genauso zubereitet, zum Schluß aber zu Rouladen geformt und mit einem blanchierten Schnittlauchhalm zugebunden.)

4 Cherrytomaten
8 Basilikumblättchen

Kürbissüppchen

mit marinierter Makrele

Für 8 Personen

1 Hokkaidokürbis, klein
2 cl Erdnussöl
2 Schalotten, gewürfelt
½ Knoblauchzehe
400 ml Geflügelfond, hell (Grundrezepte)
400 ml Sahne
200 ml Noilly Prat
200 ml Riesling
1 Sternanis
1 Peperoncini
3 Kardamomkapseln
1 Msp Kreuzkümmel
½ TL Ingwer, frisch gerieben
1 TL Erdnussbutter
20 ml Apfelessig
Erdnussöl
Salz und Pfeffer

1 Makrele, sehr frisch, etwa 400 g
Limonensaft
Koriander, fein gehackt
Meersalz und Kubebenpfeffer

8 Holzspieße

1. Den Kürbis schälen und grob würfeln, das ergibt etwa 500 g Kürbiswürfel. In einer Schwenkpfanne die Schalottenwürfel mit Knoblauch in Erdnussöl anschwitzen, dann die Kürbiswürfel dazugeben und mit Geflügelfond und Sahne auffüllen. Noilly Prat und Riesling zufügen und auf ein Drittel einkochen, ebenso die Gewürze. Etwa 30 Minuten köcheln lassen, dann Sternanis entfernen, Ingwer und Erdnussbutter zufügen und die Suppe im Mixer fein pürieren. Durch ein feines Sieb passieren und mit Apfelessig, Erdnussöl, Salz und Pfeffer abschmecken.

2. Die Makrele mit einem scharfen Messer filetieren, die Haut und die Gräten entfernen, ebenso das etwas tranige Fett. Das Filet in Würfel schneiden und mit Limettensaft, gehacktem Koriander, Salz und frisch gemahlenem Kubebenpfeffer marinieren.

3. Die Kürbissuppe mit einem Mixstab aufschäumen und in Gläser oder Kaffeetassen verteilen. Die Makrelenstücke auf Holzspieße stecken. Die Spieße auf die Tassen platzieren und sofort servieren. Nach Belieben kann die Suppe auch mit gerösteten Kürbiskernen, Kürbiskrokant und/oder Kürbiskernöl ergänzt werden.

Fisch

Forellenfilet auf Rote-Bete-Kompott
Roulade von geräuchertem Saibling
Glattbuttfilet mit Petersilienkruste
Krautwickel vom Hecht
Kabeljaufilet mit Traubensenfsauce
Zanderfilet mit Lauchhaube

Forellenfilet auf Rote-Bete-Kompott

mit Meerrettichsauce

Für 4 Personen

Forellenfilets
4 Forellenfilets à 140g
1 Thymianzweig
1 EL Mehl
Salz und Pfeffer

Rote-Bete-Confit
1 Rote Bete à ca. 300 g
für das Kochwasser:
1 kleine gespickte Zwiebel mit
1 Lorbeerblatt, 2 Nelken,
1 Sternanis, ½ TL Kümmel
1 EL weißer Balsamico-Essig
Zucker, Salz und Pfeffer
1 Msp Zimtpulver
½ TL weißer Balsamico
½ EL Nussöl

Apfel-Meerrettichtüte
4 dünne Apfelscheiben (Granny Smith)
4 EL Apfelwürfelchen
½ TL geriebener Meerrettich
½ TL Honig
1 Msp Vitamin C

Sauce
200 ml Weißweinsauce (Grundrezepte)
1 EL frisch geriebener Meerrettich
15 g kalte Butterwürfel
1 EL Zitronen-Olivenöl
10 ml Weißwein, Salz und Pfeffer

1. Die Forellenfilets vorbereiten und mit einer Pinzette die Gräten ziehen, mit Salz und Pfeffer würzen und beidseitig leicht in Mehl wenden. Zuerst die Filets auf der Innenseite ca. 20 Sekunden anbraten, danach auf der Hautseite nochmals eine Minute bei mittlerer Hitze ohne viel Farbe saftig braten. Zum Schluss Butter und Thymian zugeben und nochmals wenden.

2. Das Kochwasser mit den Zutaten aufkochen. Die gewaschene Rote Bete zugeben und abgedeckt etwa 30 Minuten bissfest gar kochen. Die Rote Bete in Eiswasser abkühlen, danach lässt sich die Haut einfach abreiben. Die Rote Bete in gleichmäßige Würfelchen schneiden und die Abschnitte fein pürieren. Das Püree und die Würfel zusammen dickflüssig einköcheln lassen und mit Zimt, Balsamico, Nussöl, Prise Zucker, Salz und Pfeffer fein abschmecken.

3. Die Apfelwürfel mit Meerrettich, Honig und Vitamin C gut vermischen, in ein Weckglas geben, gut verschließen und kaltstellen. Zum Servieren die Apfelscheiben dünn schneiden, je ein TL vorbereitete Apfelwürfelchen darauf legen und zur Tüte drehen.

4. Nebenbei die Weißweinsauce erhitzen, Meerrettich, Butter, Zitronen-Olivenöl und Weißwein mit einem Saucenstab einmixen und mit Salz und Pfeffer abschmecken. Heißes Rote-Bete-Confit auf Teller mittig verteilen, aufgeschäumte Sauce zugeben, je ein Forellenfilet und gefüllte Apfeltüte auflegen und servieren.

Als Beilage empfehlen wir Petersilienkartoffeln.

Roulade von geräuchertem Saibling

mit Radieschen-Vinaigrette und Kohlrabi

1. Den Kohlrabi schälen und in gleichmäßige Stäbchen schneiden, dann in kochendem Salzwasser mit leichtem Biss blanchieren und in Eiswasser abschrecken.

2. Den Räucherfischfond mit Xanthan leicht mixen, dadurch stellt sich eine leichte Bindung ein. Dann die Radieschen- und Apfelwürfelchen unterrühren und mit Apfelessig, Traubenkernöl, etwas frisch geriebenem Meerrettich, Salz und Pfeffer abschmecken.

3. Die Saiblingsroulade in siedendem Wasser etwa 4 Minuten garen, herausnehmen und weitere 4 Minuten ruhen lassen. Die Kohlrabistäbchen in etwas Butter anschwenken und auf gewärmte Teller anrichten. Die Rouladen auspacken und in je vier Scheiben schneiden, mit etwas grobem Salz bestreuen und auf den Kohlrabi platzieren. Die Vinaigrette um den Kohlrabi anrichten und mit Kresseblättchen dekorieren.

Für 4 Personen

Kohlrabi
2 Kohlrabi, mittelgroß
2 Zweige Kresse
Maldon Sea Salt

Radieschen-Vinaigrette
200 ml Weißwein-Fischfumet, klar und kräftig (Grundrezepte)
1 Msp Xanthan (Bindemittel aus Algen)
100 g Radieschenwürfel
1 EL Apfelwürfelchen vom Granny Smith
2 EL Apfelessig
2 EL Traubenkernöl
Meerrettich, frisch gerieben
Salz und Pfeffer aus der Mühle

Bachsaibling
2 Bach-Saiblinge à 350 g
Buchenholzmehl
2 EL Fischfarce (Grundrezepte)
Zitronensaft
Salz und Pfeffer

Glattbuttfilet mit Petersilienkruste

auf Gemüserahmkraut mit Riesling-Safransauce

Für 4 Personen

Glattbutt
4 Glattbuttfilets à 100g
1 Thymianzweig
Zitronensaft, Salz und weißen Pfeffer aus der Mühle
200 ml Weißwein-Fischfumet (Grundrezept)
40 ml Riesling
1 Msp Safran
10 g Butter

Petersilienkruste
150 g Butter
150 g Weißbrotbrösel
90 g Petersilie
1 Limone
Salz und Limonenpfeffer

Rahmkraut
400 g feines Sauerkraut
40 ml Rapsöl
2 EL Schalottenwürfel
100 ml lieblicher Weißwein
100 ml Wasser
2 EL geschlagene Sahne
1 EL geschnittener Schnittlauch
1 Gewürzbeutelchen mit 2 Pimentkörnern, 8 weißen Pfefferkörnern, 4 Wacholderbeeren, 1 Nelke, ½ Lorbeerblatt, 1 Thymianzweig
1 kleiner, süßer Apfel
1 kleine fest kochende Kartoffel
120 g bissfest gekochte Gemüsewürfel: Kartoffel, Karotten, Kohlrabi, Staudensellerie

1. Die Fischfilets mit Zitrone, Salz und Pfeffer würzen, in Olivenöl mit Thymianzweig ca. 2 Minuten medium mit wenig Farbe braten.

2. Für die Petersilienkruste: Butter schaumig schlagen. Die Petersilie fein hacken und die Hälfte im Küchenmixer mit den Weißbrotbröseln aufmixen. Die weiche Butter mit der restlichen Petersilie mixen, dann mit den Bröseln gleichmäßig vermischen und mit geriebener Limonenschale, Salz und Pfeffer abschmecken. Die Krustenmasse zwischen zwei Backpapierstreifen gleichmäßig mit einer Stärke von etwa 3 mm ausrollen und einfrieren. Die Butter kann in gefrorenem Zustand für Fisch- oder Fleischstücke passend geschnitten werden.

3. Je eine Scheibe Petersilienbutter auflegen und mit Oberhitze im Backofen (Grill) oder Salamander ca. 1 Minute gratinieren. Für die Sauce den Wein zur Hälfte reduzieren, die Fischsauce und Safran zugeben und noch mal aufkochen, dann die Butter mit dem Saucenstab einmixen und würzen.

4. Die Schalotten in heißem Rapsöl schwenken, kurz kalt abgespültes Sauerkraut zugeben und mit Weißwein und Wasser bedecken. Den Gewürzbeutel zugeben und abgedeckt siedend etwa 20 Minuten garen. Den Apfel und die Kartoffel schälen, Apfelkerne entfernen, beides würfeln und im Mixer fein pürieren. Damit das gekochte Kraut binden, aber nochmals unter ständigem Rühren 8 Minuten köcheln lassen. Den Gewürzbeutel herausnehmen, das Kraut mit Salz abschmecken und warm halten.

5. Heißes Sauerkraut mit der Hälfte der warmen Gemüsewürfel, Schnittlauch und der Sahne vermischen. Auf Teller verteilen, aufgeschäumte Sauce zugeben, darüber den Rest Gemüsewürfel geben, den Fisch auflegen und servieren.

Tipp

Statt Glattbutt kann man sehr gut Lachs, Zander oder Barsch verwenden.

Krautwickel vom Hecht

mit Sauerampfersauce, Bachkrebsen und Blumenkohl

Für 4 Personen

Hecht
250 g Hechtfilet, frisch, ohne Haut
80 g Sahne
1 TL Petersilie, fein gehackt
Zitronensaft
Salz und Pfeffer aus der Mühle
4 Spitzkohlblätter, schön grün

12 Bachkrebse

Blumenkohlgemüse
1 Blumenkohl, klein und fest
80 g Butterwürfel, kalt
2 EL Traubenkernöl
Salz und Pfeffer

Sauerampfersauce
250 ml Weißwein-Fischfumet
(s. Grundrezept)
20 ml Rieslingsekt
50 g Sauerampferblätter
100 g Butter, weich
Salz und weißer Pfeffer aus der Mühle
6 Sauerampferblätter, in Streifen geschnitten

Kleine Blätter von Sauerampfer und Blutampfer als Garnitur

1. Das Hechtfilet entgräten und gleichmäßig würfeln. Davon 100 g grob mixen und mit der Sahne getrennt im Kühlfach angefrieren. Dann zuerst das Hechtfleisch pürieren, gleich nach und nach die eiskalte Sahne unterpürieren, wodurch eine glänzende, kompakte Farce entsteht. Nun die Hechtwürfel und die Petersilie unter die Farce heben und mit Zitronensaft, Salz und Pfeffer fein abschmecken. Die Spitzkohlblätter in kochendem Salzwasser mit etwas Biss blanchieren und in Eiswasser abschrecken. Die Blätter mit Küchenpapier trocknen und nebeneinander als Rechteck auf Frischhaltefolie legen. Die Hechtmasse darauf verteilen und in die Folie wie eine Wurst einrollen. Dann noch stramm in Alufolie wickeln und kalt stellen.

2. Die Bachkrebse in sprudelnd kochendes Salzwasser geben, die Hitze reduzieren und etwa 2 Minuten ziehen lassen. Die Krebsschwänze ausbrechen und die Därme entfernen. Den Blumenkohl in Röschen zerteilen, acht schöne Scheiben zur Seite legen. Den restlichen Blumenkohl mit leichtem Biss dämpfen, die Hälfte davon mit der Butter mixen. Die andere Hälfte grob hacken, unter das Püree heben, mit Salz, Pfeffer und etwas Traubenkernöl abschmecken. Vom Sauerampfer die Stiele abtrennen. Die Blätter waschen, trocknen und mit der weichen Butter, Salz und Pfeffer sehr fein und schön grün pürieren. Durch ein Sieb streichen und in Butterpapier eingerollt im Kühlschrank aufbewahren.

3. Den Weißwein-Fischfumet erhitzen und nach Geschmack die kalte Sauerampferbutter sämig untermixen. Nochmals erwärmen, mit Salz, Pfeffer und Sekt abrunden. Das Blumenkohlgemüse als Quadrat in einem tiefen Teller anrichten und jeweils zwei goldbraun gebratene Blumenkohlscheiben auflegen. Den Hecht-Krautwickel in vier Stücke schneiden, auf den Blumenkohl platzieren und darauf je drei warme Krebsschwänze legen. Die Sauerampfersauce zugießen und Sauerampferblättchen als Garnitur dazulegen, sofort servieren.

Kabeljaufilet mit Traubensenfsauce

auf Schnippelbohnen und Paprikaroulade

Für 4 Personen

Senfkörner müssen 1 Tag im Wasser weichen

Kabeljaufilet
400 g Kabeljaufilet ohne Haut
Salz und ½ Zitrone
20 ml Weißwein

Paprikarouladen
2 rote Paprika
8 lange Schnittlauchstängel

Schnippelbohnen
160 g Breite Bohnen
Olivenöl

Traubensenfsauce
200 ml Weißwein-Fischfumet (s. Grundrezept)
1 EL violetter Senf (Traubensenf)
½ EL Senfkörner (1 Tag im Wasser weichen)
1 TL fein geschnittener Schnittlauch
½ TL mittelscharfer Senf
½ TL Rote-Bete-Saft
Basilikum und Blüten nach Wunsch

1. Das Fischfilet in vier gleich große Stücke schneiden, in eine kalte gebutterte Pfanne legen und mit Salz und Zitrone würzen, den Fisch bei 90 °C und 100% Dampf im Dampfgarer etwa 5–6 Minuten garen. Im Backofen beträgt die Garzeit bei 160 °C Umluft ca. 10 Minuten im Mittelfach. Kurz vor dem Servieren etwas Weißwein dazugießen.

2. Die Paprika vierteln, das Kernhaus rausschneiden und in kochendem Salzwasser ca. 5 Minuten bissfest kochen und in Eiswasser abkühlen. Die Paprika mit der Hautseite auf das Schneidebrett drücken und mit einem scharfen Messer die Haut wegschneiden. Paprikascheiben mit Salz und Pfeffer würzen, zur Roulade rollen, an den Ecken zuschneiden. Den Schnittlauch ca. 5 Sekunden in heißes Wasser halten, in kaltem Wasser abkühlen. Damit lässt sich bestens die Paprikarolle binden, sonst würde der Schnittlauch reißen.

3. Die Breiten Bohnen auf ca. 14 cm Länge zuschneiden und in kochendem Salzwasser ebenfalls bissfest garen und in Eiswasser abkühlen. Die Bohnen längs in Streifen schneiden, zum Servieren auf heiße Teller platzieren, mit Olivenöl einpinseln und mit Pfeffer und Salz leicht würzen.

4. Die Weißweinsauce aufkochen, ein Fünftel davon in eine andere Sauteuse geben und dickflüssig einköcheln. Die nebenbei bissfest gekochten Senfkörner (ca. 1 Stunde in reichlich Wasser) gut abgetropft zugeben und mit Senf, Salz und Zitrone würzen. In die restliche Sauce den Rote-Bete-Saft und den violetten Senf einrühren und würzig abschmecken.

5. Den saftig gegarten Kabeljau auf die heißen Teller mit den Bohnen legen und mit erhitzter heller Senfsauce überziehen. In Olivenöl erwärmte Paprikarouladen, je eine oder zwei, neben den Fisch legen und zum Schluss aufgeschäumte Traubensenfsauce zugeben. Den Fisch mit Schnittlauch bestreuen, nach Wunsch Basilikum und Blüten auflegen und servieren.

Zanderfilet mit Lauchhaube

mit Blutwurst-Graupen und Zwiebel-Essig-Fumet

1. Das Zanderfilet in vier gleichmäßige Stücke portionieren. Die Lauchstange längs halbieren, waschen und in 1 cm breite Streifen schneiden. Die Lauchstreifen in kochendem Salzwasser mit Biss blanchieren und in Eiswasser abkühlen. Von den Lauchblättern abwechselnd weiße und grüne Streifen auf Backpapier fächern.

2. Die Zanderfilets mit Zitrone, Salz und Pfeffer würzen, dünn mit Farce bestreichen und auf das Lauchbett legen. Den Lauch passend zu den Fischstücken zuschneiden und andrücken. Die Filets auf ein Tablett mit etwas Fischfond legen, den Lauch mit Öl einpinseln. Die Perlzwiebeln schälen, vierteln und in Segmente zupfen. Die Zwiebelblättchen in Salzwasser mit einem Hauch Safran kurz blanchieren. Die Fischfilets im Dampfofen mit 100% Feuchtigkeit bei 85 °C etwa 6 Minuten saftig dämpfen.

3. Die Graupen kurz abspülen und in reichlich Wasser etwa 10 Minuten gar kochen, danach kalt abspülen. Während der Fisch gart, nebenbei die Graupen in Butter erwärmen, zum Schluss die fein gewürfelte Blutwurst und den Majoran unterheben und mit Salz und Pfeffer abschmecken.

4. Die Zwiebeln schälen und fein schneiden. Mit etwas Butter glasig dünsten und den Weißwein zufügen. Einkochen lassen und den Fischfond zugeben, um ein Drittel einkochen. Dann die Sahne, Lorbeer und Majoran zufügen und 10 Minuten leicht köcheln lassen. Den Apfelessig und die kalte Butter zufügen und alles fein mixen. Die Sauce durch ein feines Sieb passieren und mit Salz und Pfeffer abschmecken.

5. Die Graupen und die angeschwenkten Zwiebelblättchen auf vier heiße Teller verteilen, die Zanderfilets auflegen und mit aufgeschäumter Sauce servieren.

Für 4 Personen

Zander
400 g Zanderfilet
1 Lauchstange
2 EL Zanderfarce
½ Zitrone
Salz und Pfeffer
8 Perlzwiebeln
Safranpulver

Blutwurst-Graupen
3 EL Gerstengraupen
60 g Blutwurst
1 TL Majoran, fein geschnitten

Zwiebel-Essig-Fumet
2 Zwiebeln, weiß
100 ml Weißwein
300 ml Fischfond (Grundrezepte)
½ Lorbeerblatt
2 Majoran-Zweige
40 ml Apfelessig, lieblich
100 ml Sahne
40 g Butterwürfel
Salz und Pfeffer aus der Mühle

Majoranblättchen

Fleisch

Geschmorte Schulter vom Weiderind
Glacierter Bauch und Filet vom
Bergischen Landschwein
Sautierte Wildentenbrust
Wachtel- und Hähnchenbrust im Maisbiskuit
Kalbsroulade mit bunten Linsen
Rehrücken im Pfeffermantel

Geschmorte Schulter vom Weiderind

mit Spätburgundersauce, Markbällchen und geräuchertem Mark

1. Die Rinderschulter mit einem scharfen Messer von Fett und Sehnen befreien und mit Spätburgunder, Mirepoix und Gewürzen bedeckt 24 Stunden ziehen lassen. Das Fleisch aus der Marinade nehmen, abtropfen und mit Salz und Pfeffer würzen. Das Rindfleisch im Bräter rundherum in Butterschmalz anbraten und das abgetropfte Mirepoix zugeben. Das Gemüse anrösten und Tomatenmark zufügen, nach und nach mit der Rotwein-Marinade ablöschen und glacieren, dann den Kalbsfond und die Gewürze zufügen. Die Rinderschulter im Ofen bei 180 °C im geschlossenen Bräter etwa 2 Stunden schmoren, bis das Fleisch saftig weich ist. Dann die Schulter in Alufolie wickeln und warm stellen. Den Schmorfond durch ein feines Sieb passieren und um die Hälfte einkochen, mit etwas Pfeilwurzelmehl leicht binden und mit reduziertem Spätburgunder abschmecken.

2. Das Ochsenmark beim Metzger vorbestellen, am besten sollte er es bereits gewässert und anschließend kalt geräuchert haben. Ansonsten in einen flachen Topf Buchenholzmehl und Wacholderbeeren geben. Den Topf auf der Herdplatte erhitzen und das Räuchermehl anzünden. Darüber ein rundes Küchengitter legen und das gewässerte Ochsenmark auf das Gitter platzieren. Mit einem Topfdeckel verschließen und etwa 30 Minuten im kalten Rauch aromatisieren. Das Ochsenmark in Scheiben schneiden.

3. Das Rindermark und Toastbrot durch die feine Scheibe vom Fleischwolf drehen und mit Speisestärke, den Eiern und den fein gehackten Kräutern vermengen. Die Masse abschmecken, kleine Bällchen formen und in Fleischbrühe gar ziehen lassen.

4. Die geschmorte, heiße Rinderschulter in vier Portionen schneiden und auf heiße Teller anrichten. Die Markbällchen in Butterbröseln mit den fein gehackten Kräutern schwenken und in Reihe neben dem Fleisch anrichten. Den Frühlingslauch anbraten, mit Salz und Pfeffer würzen, die Ochsenmarkscheiben im Ofen erwärmen, mit Salz und Pfeffer würzen, beides auf der Rinderschulter platzieren. Die Sauce dazugießen und sofort servieren.

Für 4 Personen
Marinierzeit: 24 Stunden

Geschmorte Rinderschulter
800 g Rinderschulter, gut abgehangen
400 ml Spätburgunder
500 g Mirepoix (Röstgemüse von Zwiebeln, Karotten und Staudensellerie)
1 Knoblauchzehe
1 Thymianzweig
1 Rosmarinzweig
1 EL Tomatenmark
10 Pfefferkörner
10 Koriander
1 Sternanis
2 Pimentkörner
2 Lorbeerblätter
2 EL Butterschmalz
1 l Kalbsfond oder Wasser
Reduktion von Spätburgunder

Geräuchertes Ochsenmark
80 g Ochsenmark, geräuchert
4 Frühlingslauchstangen

Markbällchen
100 g Rindermark
100 g Toastbrot ohne Rinde
2 EL Speisestärke
2 Eier
30 g Kräuter, gehackt, wie z. B. Petersilie, Kerbel, Schnittlauchröllchen
Salz, Pfeffer, Muskat
2 EL Butter
2 EL Weißbrotbrösel
1 EL Petersilie, sehr fein gehackt

Glacierter Bauch und Filet vom Bergischen Landschwein

mit Liebstöckel-Senf-Vinaigrette und Speck-Karotten

Für 4 Personen

Schweinebauch
500 g Schweinebauch, frisch
100 ml Kalbsjus, dunkel
1 Schalotte
1 Knoblauchzehe
1 Lorbeerblatt
10 Pfefferkörner
10 Korianderkörner
1 Msp Pökelsalz
1 Msp Kreuzkümmel
1 Msp Kümmel
Zitronenzesten
Pfeilwurzelmehl

Schweinefilet
200 g Schweinefilet, frisch
8 Speckscheiben, hauchdünn, etwa 12 cm lang
100 g Geflügelfarce, mit Kräutern z.B. blanchierte Petersilie, grün gefärbt (Grundrezepte)
Salz, Pfeffer aus der Mühle
200 g Liebstöckel-Senf-Vinaigrette (siehe folgende Seite)
Maldon Sea Salt

Speck-Karotten
200 g Karotten
1 TL Butterschmalz
1 Schalotte
1 Kartoffel, klein
50 g Pancetta
2 Liebstöckelblätter
Geflügelfond
80 g Karottenwürfel
Salz, Pfeffer, Zucker
Kleine Speckwürfel, geröstet
2 Karotten mit Grün

1. Vom Schweinebauch die Schwarte ablösen. Den Bauch parieren und zuschneiden. Die Abschnitte und Rippchen mit 200 ml Wasser, mit Schalotte, Knoblauch und allen Gewürzen aufkochen und etwa eine Stunde bei schwacher Hitze ziehen lassen. Den Fond durch ein feines Sieb passieren und etwas abkühlen. Den Schweinebauch mit dem Fond in einen Beutel vakuumieren (macht auch der freundliche Metzger). Im Wasserbad bei konstant 65 °C etwa 48 Stunden garen. Den abgekühlten Schweinebauch in gerade Würfel schneiden, den Fond etwas einkochen und bei Bedarf mit Pfeilwurzelmehl leicht binden.

2. Das Schweinefilet von Sehnen und Fett befreien. Die Speckscheiben nebeneinander auf ein Stück hitzebeständige Klarsichtfolie legen, so dass sie leicht überlappen. Die grüne Geflügelfarce dünn auf die Speckscheiben streichen, das Schweinefilet mit Salz und Pfeffer würzen, dann auf das untere Ende der Speckmatte legen und aufwickeln. Das obere Ende muss jetzt etwas überlappen. Die fertige Rolle stramm in Alufolie eindrehen und im Wasserbad bei 85 °C etwa 7–9 Minuten garen. Dann in der Folie etwa vier Minuten ruhen lassen, auspacken und in Scheiben schneiden

3. Die 200 g Karotten waschen, abbürsten und grob würfeln. Die Schalotte und Kartoffel schälen und würfeln, Pancetta in Scheiben schneiden und in Butterschmalz anschwitzen. Die Karotten zufügen und andünsten. Nach und nach etwas Geflügelfond zufügen, bis die Karotten gar sind und die Masse kompakt ist. Mit einem Kartoffelstampfer zu Mus zerdrücken, Speck und Liebstöckel herausnehmen. Die 80 g Karottenwürfel ebenfalls in etwas Butterschmalz mit Biss anschwenken und unter das Karottenpüree mischen. Das Confit mit Salz und viel frischem Pfeffer sowie einer Prise Zucker abschmecken und kurz vor dem Servieren knusprige Speck-Würfelchen unterheben. Die Karotten kurz abkochen, mit grün halbieren und in Butter schwenken.

Glacierter Bauch und Filet vom Bergischen Landschwein

mit Liebstöckel-Senf-Vinaigrette und Speck-Karotten

4. Die Schweinebauchwürfel mit Salz und Pfeffer würzen, von allen Seiten leicht anbraten und mit reduziertem Schmorfond glacieren. Das Karottenconfit zum Servieren erwärmen und Karottenwürfel mit den gerösteten Speckwürfeln unterheben. Die Speckkarotten mit einem rechteckigen Rahmen in der Tellermitte anrichten. Je einen Schweinebauchwürfel und eine Scheibe Filet darauf anrichten, die Liebstöckel-Senfvinaigrette und etwas reduzierten Schmorfond außen herum anrichten und mit einer gebratenen Karotte servieren.

5. Für den Schinkenfond die Schinkenknochen mit Wasser bedecken und langsam aufkochen lassen. Dann etwa 2 Stunden bei geringer Hitze ziehen lassen und durch ein Tuch passieren. Die Schalotte anschwitzen, Lorbeer und Liebstöckel fein schneiden. Schinkenknochenfond, Dijonsenf und Eiklar zufügen, kurz aufmixen und langsam aufkochen. 20 Minuten bei geringer Hitze ziehen lassen, durch ein Tuch passieren und Xanthan zufügen. Den groben Senf mit lauwarmem Wasser spülen und die verbleibenden Senfkörner in einem Sieb abtropfen lassen. Die Senfkörner in den Fond geben und mit gehackten Kräutern, Apfelwürfeln, Apfelessig, Salz und Pfeffer würzig abschmecken.

Liebstöckel-Senf-Vinaigrette
600 ml Schinkenknochenfond
1 Schalotte
1 Lorbeerblatt, frisch
1 Liebstöckelzweig
1 EL Dijonsenf
1 Eiklar
2 g Xanthan (Bindemittel aus Algen)
120 g grobkörniger Senf
2 EL Liebstöckel, fein gehackt
2 EL Petersilie, fein gehackt
1 Granny Smith-Apfel, fein gewürfelt
Apfelessig
Salz und Pfeffer aus der Mühle

An einem Strang: Müller und Henkel überlassen in der Küche nichts dem Zufall und besprechen jeden Schritt.

Sautierte Wildentenbrust

mit Kardamomsauce, Mandelbrotknödel und Rosenkohlblättchen

1. Die Wildentenbrüste von Haut und Sehnen befreien. Mit Kardamompulver und frisch gemahlenem Pfeffer würzen und in einen Vakuumbeutel schweißen. Die Wildenten im Vakuumbeutel in 65 °C heißes Wasser legen und 15 Minuten garen. Dann 4 Minuten ruhen lassen. Die Kardamomkapseln und Pfefferkörner zerdrücken und zusammen mit Entenjus, Orangensirup, etwas Orangenschalenabrieb etwa auf die Hälfte einkochen. Durch ein feines Sieb passieren, mit der kalten Butter montieren und mit Salz und Pfeffer abschmecken.

2. Das Mandelbrot in Würfel schneiden. Sahne und Milch mit den zerdrückten Kardamomkapseln, der Zimtstange und der Vanilleschote aufkochen. Zucker unterrühren und die lauwarme Milch durch ein feines Sieb auf die Brotwürfel gießen. Grieß zufügen und quellen lassen. Nach und nach Eier, Mandeln und zerlassene Nussbutter unterrühren. Die Masse mit Salz und Pfeffer abschmecken.

3. Eine rechteckige Auflaufform mit Deckel mit Butter einpinseln, die Masse fest hineindrücken, mit dem Deckel fest verschließen. Die Kastenform im Dampf bei 90 °C etwa 40 Minuten garen. Den Knödel auskühlen lassen, in rechteckige Streifen schneiden und in Butterschmalz braten.

4. Für den Orangenmilchschaum: Die Kardamomkapseln mit den Orangenblüten im Mörser zerreiben und mit dem Honig in einem Topf aufschäumen lassen. Die Milch und den Orangensirup zufügen, einmal aufkochen und 20 Minuten ziehen lassen. Das Orangenöl und Lecithin zufügen, nochmals aufkochen und mixen. Mit Salz und Pfeffer aus der Mühle abschmecken und durch ein feines Sieb passieren.

5. Die Wildentenbrüste aus dem Vakuumbeutel nehmen, salzen und in schaumiger Butter sautieren. Die Mandelbrotknödel mittig auf heißen Tellern anrichten. Die Rosenkohlblätter in Butter anschwenken und mit Salz und Pfeffer würzen, um den Knödel herum locker anrichten. Die Entenbrüste in Scheiben schneiden und längs auf den Knödel platzieren. Die Sauce dazugießen und auf jede Entenbrust 4 EL Kardamom-Orangenschaum geben. Mit frisch geriebener Mandel bestreuen.

Für 4 Personen

Wildente
4 Wildentenbrüste
1 Msp Kardamompulver
Pfeffer aus der Mühle

Kardamomsauce
400 ml Entenjus
40 ml Orangensirup
Orangenschalenabrieb
5 Kardamomkapseln
10 Pfefferkörner
30 g Butterwürfelchen, kalt
Salz und Pfeffer aus der Mühle

Mandelbrotknödel
250 g Mandelbrot oder Brioche
100 ml Milch
100 ml Sahne
5 Kardamomkapseln
½ Zimtstange
½ Vanilleschote
20 g Zucker
50 g Grieß
25 g Mandeln, gehackt und geröstet
3 Eier
35 g Nussbutter
Salz und Pfeffer
20 Rosenkohlblättchen, knackig blanchiert

Orangen-Milchschaum
5 Kardamomkapseln
½ TL Orangenblüten
½ TL Akazienhonig
200 ml Milch
40 ml Orangensirup
10 ml Orangenöl
3 g Lecithin
Salz und Pfeffer

Mandeln ohne Haut

Wachtel- und Hähnchenbrust im Maisbiskuit

mit Lavendelsauce, Spitzkohlbällchen und Vanillekarotten

Für 4 Personen

Maisbiskuit (für 2 Maisbiskuitplatten)
80 g Noilly Prat
100 g Eigelb
10 g Zucker
125 g Eiweiß
1 TL Eiweißsil
10 g Salz
20 g Mehl
60 g Maismehl
20 g Speisestärke
1 TL Trockenkräuter
2 EL Mais, fein gehackt

Wachtel- und Hähnchenbrust
6 Wachtelbrüste
2 Maishähnchenbrüste
100 g Geflügelfarce (Grundrezept)
Petersilie
Salz und Pfeffer

Lavendelsauce
300 ml Geflügelfarce (Grundrezept)
30 ml Rotwein
20 ml Portwein
1 TL frische oder getrocknete Lavendelblüten
1 Msp Speisestärke
Salz und Pfeffer

Vanillekarotten
400 g mittelgroße Karotten
1 EL Schalottenwürfel
1 Vanillestange
10 g Butter
20 ml Mineralwasser
Prise Salz und Zucker

Spitzkohlbällchen (s. Rezept S. 68)
Popcorn zum Verzieren

1. Für den Maisbiskuit: Den Noilly Prat auf die Hälfte reduzieren und mit Eigelb und Zucker schaumig aufschlagen, dann das gesiebte Mehl und Maismehl unter die Eigelbmasse einarbeiten. Das Eiweiß mit Eiweißsil und Salz steif schlagen, nach und nach Speisestärke in den Eischnee einstreuen. Die Eigelbmasse unter die Eischneemasse heben, Kräuter und gehackten Mais unterheben und dünn auf eine Backmatte ausstreichen und bei 200 °C etwa 3–4 Minuten hell backen.

2. Von den Geflügelbrüstchen die Haut abtrennen und mit Salz und Pfeffer würzen. Auf die zugeschnittenen Biskuitböden 2 mm dick Farce aufstreichen. Die Hähnchenbrüste schräg, fast längs halbieren und immer mit den Spitzen übereinander liegend auf die Biskuit vorne liegend platzieren. Jetzt grüne Farce (gemixt mit fein gehackter Petersilie) auf das Brustfleisch streichen, je vier Wachtelbrüstchen auflegen und nun straff das Geflügel in den Biskuit einrollen. Danach in Alufolie zur Formhaltung einrollen und an den Enden festdrehen und jetzt nach Wunsch im Kühlschrank auch über ein paar Stunden aufbewahren.

3. Zum Servieren die Folie abziehen und die Rollen in einer heißen Teflonpfanne kurz rundum hellbraun schwenken. Auf ein Backblech legen und im Backofen bei 180 °C / Umluft ca. 9 Minuten backen und danach ca. 4–5 Minuten gut warm ruhen lassen.

4. Für die Sauce Rotwein und Portwein gut reduzieren, Geflügeljus zugeben, nochmals etwas reduzieren, Lavendel darin ca. 10 Minuten ziehen lassen, passieren und nach Wunsch mit angerührter Stärke leicht binden und mit Salz und Pfeffer würzen.

5. Die Karotten schälen und in ca. 2 mm dicke Scheiben hobeln. Diese in heißer Butter mit den Schalotten schwenken, Wasser und Vanillemark zugeben und ca. 5 Minuten abgedeckt bissfest garen und mit Zucker und Salz verfeinern. Das Geflügel in 8 Scheiben auf heiße Teller verteilen, erhitzte Spitzkohlbällchen und Vanillekarotten auflegen und mit Sauce und Popcorn servieren.

Kalbsroulade mit bunten Linsen

auf Nudeln mit Lorbeerblatt-Sauce

1. Die Auberginen längs in ½ cm dicke Scheiben schneiden, diese leicht mehliert in einer heißen Pfanne mit wenig Olivenöl beidseitig hellbraun braten und auf Küchenkrepp abkühlen. In Würfelchen schneiden, mit den Gemüsewürfeln, Kräutern, Salz und Pfeffer vermischen.

2. Die Fleischscheiben zwischen Folie auf 14 x 12 cm klopfen. Mit Salz und Pfeffer würzen, ca. 2 mm dick mit Farce bestreichen. Darüber das Gemüse dünn verteilen und gleichmäßig andrücken. Die längere Fleischfläche aufrollen und in dünn ausgelegtes Schweinenetz einschlagen. Zuerst in Klarsichtfolie, dann in Alufolie einrollen und an den Enden straff zu einer Wurst drehen. So wird die Kalbsroulade 4–6 Std. im Kühlschrank aufbewahrt. Die Rouladen in ca. 85 °C heißem Wasser 12 Min. garen, dann im Wärmeschrank 4 Min. warm halten.

3. Die Linsen abschütten, zuerst die grünen Linsen in heißer Butter mit Schalotten schwenken. Weißwein und 20 ml Wasser zugeben und sämig reduzieren. Kalte Butterwürfelchen einrühren, dann rote und gelbe Linsen zugeben, einmal aufkochen, mit einem Spritzer Essig, Salz und Pfeffer würzen und abgedeckt warm halten. Durch die kurze Garzeit bleiben die Farben der Linsen erhalten.

4. Die Nudeln in kochendem Salzwasser ca. 6-8 Min. mit leichtem Biss kochen, abschütten und kalt abspülen. Den Rotwein mit Lorbeerblättern auf die Hälfte reduzieren, Kalbsjus zugeben und nochmals etwas einköcheln lassen, notfalls mit angerührter Stärke binden, passieren, würzig abschmecken und warm halten. Olivenöl in einer kleinen Kasserolle auf ca. 80 °C erwärmen und alle Zutaten einrühren, die Tomatenhaut über Kreuz einschneiden, in Öl legen und abgedeckt warm halten. Vor dem Servieren in Öl mit Oberhitze ca. 3 Min. überbacken, bis sich die Haut abschält. Zum Servieren in Butter erwärmen und mit Salz würzen.

5. Nudeln auf Teller schön platzieren, mit einer Ringform die Linsen darauf anrichten. Von den Rouladen die Folie abtrennen, das Fleisch kurz (30 Sek.) in einer heißen Pfanne mit schäumender Butter, Rosmarin und Thymian schwenken. Danach je halbieren, auf die angerichteten Teller legen, Tomate dazulegen und mit Sauce servieren.

Für 4 Personen

Kalbsroulade
4 Kalbsrückenscheiben à 100g
2 EL Geflügelfarce (Grundrezept)
1 kleine Aubergine
2 EL Gemüsewürfel (Karotte, Sellerie, Grünes von der Zucchini, bissfest gekocht)
1 EL fein geschnittene Kräuter wie z.B. Petersilie, Kerbel, Basilikum, Thymian
100 g Schweinenetz (gut gewässert)

Linsen
50 g grüne Berglinsen
50 g rote Linsen
50 g gelbe Linsen
Wichtig: 1 Tag vorher alle Linsen separat bedeckt in Wasser weichen lassen
1 TL Schalottenwürfel
1 Spritzer Weißwein
10 g Butter

Makkaroni
160 g Röhrennudeln (Makkaroni)

Sauce
200 ml Kalbsjus
40 ml Rotwein
2 frische Lorbeerblätter
evtl. etwas Stärke

Tomaten
4 Cherrytomaten
100 ml Olivenöl
½ TL Abriebe von Orangen, Zitronenschale, Prise Zimt, Salz, Pfeffer, Thymianzweig

Rehrücken im Pfeffer-Gewürzmantel

mit Rübstiel, Schupfnudeln, Waldpilzen und Holunderbeeren

Für 4 Personen

Rehrückenfilet
500 g Rehrückenfilet
Salz
Gewürzmischung (siehe unten)
200 ml Rehjus
20 ml Rotwein
20 ml Portwein rot
4 EL Holunderbeeren *
evtl. etwas Stärke

Gewürzmischung
4 EL Weißbrotbrösel
2 EL dunkler Sesam
1 EL schwarzer Pfeffer
1 TL Pimentkörner
1 Msp Zimt
1 EL Mandeln

Rübstielgemüse
1 Bd Rübstiel ca. 500g
20 g Petersilie
200 g Kartoffeln
50 g Butter
50 g Sahne
Salz und Pfeffer aus der Mühle

Schupfnudeln (Bubenspitzle)
250 g mehlige Kartoffeln, gekocht und gut ausgedämpft
2 Eigelbe
50 g Mehl (405er)
20 g Kartoffelstärke
Salz und Pfeffer aus der Mühle

250 g Steinpilze oder Pfifferlinge
Zweig Thymian und Rosmarin
Salz und Pfeffer

* siehe Rezept S. 123

1. Rehfilets häuten und in zwei Stücke schneiden. Für die Gewürzmischung alle Zutaten im Mixer fein mahlen. Die Mischung kann in einem verschlossenen Weckglas lange aufbewahrt werden. Die Rehfilets salzen und durch die ausgebreitete Gewürzmischung wälzen. Zuerst in Klarsichtfolie einrollen, dann straff in Alufolie einrollen, an den Enden festdrehen und kühl stellen.

2. Für die Sauce Rot- und Portwein reduzieren, die Jus zugeben, einköcheln und nach Wunsch mit angerührter Stärke leicht binden. Pilze putzen, mit einem feuchten Tuch abreiben, in heißem Olivenöl mit Thymian und Rosmarin kurz braten und mit Salz und Pfeffer würzen.

3. Den Rübstiel kalt abspülen, die Blätter in feine Streifen schneiden. Die Stängel klein schneiden und in kochendem Salzwasser weich kochen (ca. 12 Min.). Auf ein Sieb schütten, gut abtropfen lassen und in einem Küchentuch auswringen. Nebenbei geschälte, klein gewürfelte Kartoffeln weich kochen, abschütten und gut ausdämpfen. Sahne auf die Hälfte reduzieren, mit warmen Kartoffeln, Rübstielgemüse und Petersilie mixen. Die Rübstielblätter in kochendem Salzwasser 30 Sek. blanchieren, in Eiswasser abkühlen, auf ein Sieb schütten und in einem Küchentuch auswringen. Die Blätter zum gemixten Gemüse in eine Schwenkpfanne geben, warm rühren und mit Salz und Pfeffer würzen.

4. Schupfnudeln: Kartoffeln im Ofen ausdämpfen und trocknen lassen; die restlichen Zutaten unter die Masse kneten, bis der Kartoffelteig eine homogene Konsistenz hat. Längliche Rollen formen und davon nussgroße Stückchen abschneiden, zu länglichen Schupfnudeln rollen, die an den Enden spitz zulaufen. Die Schupfnudeln in Salzwasser garen, bis sie an der Oberfläche schwimmen, aber nicht kochen, aus dem Wasser heben und in Butter schwenken.

5. Das Reh in 90 °C heißem Wasser ca. 10 Min. garen und nochmals 5 Min. an warmer Stelle ruhen lassen. Folie lösen und die Filets in heißer Butter mit Thymianzweig ca. 30 Sek. schwenken. Gemüse, Pilze und in heißer Butter geschwenkte Schupfnudeln auf heiße Teller verteilen. Das Reh in Portionen schneiden, anlegen, mit Sauce und erwärmten Holunderbeeren (vermischt mit 1 TL Schlagsahne) servieren.

Gemüse

Blumenkohl mit Ei-Kräuterschmelze
Ofentomaten mit Pinien-Taboulé
Glacierte Rote Bete mit Kümmeljus
Steinpilze mit Cannelloni

Blumenkohl mit Ei-Kräuterschmelze

auf Rahmkartoffeln

1. Nebenbei den portionierten Blumenkohl in leichtem Salzwasser mit etwas Zitronensaft bissfest kochen. Aus dem Kochwasser nehmen und abgedeckt warm halten.

2. Für die Ei-Kräuterschmelze die gekochten Eier schälen, durch ein grobes Sieb drücken und zu der erwärmten Butter mit Olivenöl geben. Die Semmelbrösel und Kräuter vorsichtig untermischen und mit Salz und Pfeffer würzen.

3. Die Kartoffeln waschen und mit etwas Salz weich kochen. Abschütten, abkühlen, schälen und in gleichmäßige Scheiben schneiden. Kartoffelwürfelchen mit Weißwein, 3 cl Milch, Sahne, Thymian und Liebstöckelzweig weich kochen. Die Kräuter entfernen, Crème fraîche zugeben, nochmals aufkochen und mit dem Saucenstab fein mixen, passieren, mit Balsamico, Salz und Pfeffer würzig abschmecken. Die Kartoffelscheiben in die dickflüssige, heiße Rahmsauce geben, einmal aufkochen und abgedeckt warm halten.

4. Die Rahmkartoffeln mit Schnittlauch auf heiße Teller verteilen, Blumenkohl auflegen und darüber Ei-Kräuterschmelze verteilen.

Für 4 Personen

Blumenkohl
2 Köpfe Blumenkohl
½ EL Zitronensaft

Ei-Kräutersalat
2 Stck. gekochte Hühnereier (8 Min.)
2 EL zerlassene Butter
2 EL mildes Olivenöl
4 EL Semmelbrösel
2 EL fein geschnittene Gartenkräuter wie z.B. Petersilie, Kerbel, Schnittlauch, Estragon
Salz und Pfeffer aus der Mühle

Rahmkartoffeln
400 g Bamberger Hörnchen
40 g Kartoffelwürfelchen
20 ml Weißwein
1,5 dl Sahne
3 cl Milch
50 g Crème fraîche
1 EL fein geschnittener Schnittlauch
Spritzer Balsamico
Thymianzweig, Liebstöckelzweig
Salz und Pfeffer aus der Mühle

Tipp

Kann auch mit frisch geriebenem Hartkäse serviert werden.

Ofentomaten mit Pinien-Taboulé

mit Tomatenfumet und Chutney von grünen Tomaten

Für 4 Personen

Ofentomaten
12 Tomaten mit Riste, reif und fest
grobes Meersalz, Pfeffer

Pinien-Taboulé
100 g Couscous, mittelgrob
125 g Geflügelfond oder Gemüsefond
1 Zitronengrasstange
1 Spritzer Weißwein
2 EL Pinienkerne, geröstet und grob gehackt
2 EL Pinienkernöl
1 TL Zuckerschotenwürfel
1 TL Ofentomatenwürfel
1 EL Kräuter, gehackt (Petersilie, Minze und Koriander)
¼ TL Ras el Hanout (s. Anmerkung)
Salz, Pfeffer

Tomatenfumet
1 kg Tomaten, reif
40 g Fenchel
40 g Karotten

40 g Staudensellerie
5 Thymianzweige
1 Oreganozweig
5 Rosmarinnadeln
½ Knoblauchzehe
100 ml Noilly Prat
50 ml Olivenöl
40 g Butter
Salz, Pfeffer

Kräuter und Blüten nach Belieben

1. Von den Tomaten die Deckel mit dem Strunk sauber abschneiden und das Kerngehäuse entfernen. Die Tomaten salzen und pfeffern und mit Taboulé füllen. Die Tomaten auf grobes Meersalz platzieren und im Backofen bei 180 °C etwa 15 Minuten backen.

2. Für das Taboulé den Geflügelfond mit klein geschnittenem Zitronengras in einem Topf aufkochen, Weißwein zufügen. Den Couscous in eine flache Schüssel geben und den kochenden Fond durch ein Sieb darauf gießen. Die Schüssel mit einem Deckel verschließen und etwa 10 Minuten ziehen lassen, bis der Couscous den Fond aufgenommen hat. Den Couscous mit einer Gabel auflockern, Pinienkerne und Pinienkernöl unterheben. Die Zuckerschotenwürfel anschwitzen und mit den Ofentomatenwürfeln und den Kräutern unter den Couscous mischen. Das Taboulé mit Ras el Hanout, Salz und Pfeffer abschmecken.

3. Die Tomaten und das Gemüse in Würfel schneiden, mit Kräutern grob mixen und über Nacht im Passiertuch aufhängen, so dass der klare Saft herausläuft. Den Tomatensaft auf 2 dl reduzieren und mit Pfeilwurzelmehl leicht binden. Noilly Prat reduzieren, zufügen und die Sauce mit Olivenöl und Butter montieren. Mit Salz und Pfeffer abschmecken.

4. Das Tomatenchutney (siehe Grundrezepte) leicht erwärmen und mit einem Ring in der Mitte der Teller anrichten. Jeweils drei gefüllte Tomaten darauf platzieren und mit Kräutern und Blüten nach Geschmack dekorieren. Den weißen Tomatenfumet aufmixen und angießen.

Anmerkung

Ras el Hanout ist eine bekannte marokkanische Gewürzmischung, die zum Würzen von Couscous verwendet wird und aus 3 EL Koriander, 2 EL Cuminsamen, 2 EL Kardamomsamen, 2 ½ EL schwarzen Pfefferkörnern (diese Gewürze rösten und fein mahlen), dann Kurkuma, süßem Paprika, Ingwerpulver, Zimtpulver, gemahlenen Gewürznelken und geschrotetem Chili (diesen als Pulver hinzufügen) besteht.

Glacierte Rote Bete mit Kümmeljus

und Brennnesselkrokant

Für 4 Personen

20 Mini Rote Bete mit Blättern
Meersalz, Obstessig

Rote-Bete-Kümmeljus
300 ml Rote-Bete-Saft
25 g Zucker
1 TL Kümmel
10 Pfefferkörner
½ Lorbeerblatt
1 TL Pfeilwurzelmehl
20 ml Apfelessig
Salz und Pfeffer aus der Mühle

Rote-Bete-Püree
100 g Rote Bete, gekocht
100 g Sellerie, geschält und gewürfelt
50 g Butterwürfelchen, kalt
½ Zitrone
½ TL Vitamin C
Salz

Brennnessel-Krokant
25 g Butter
25 g Zucker, weiß
25 g Zucker, braun
25 g Orangensaft
18 g Mehl
Fleur de Sel
1 EL Brennnesselsamen

50 g Sauerrahm
1 Msp Kümmel, gemahlen
Salz und Pfeffer
kleine junge Brennnessel-Blättchen

1. Von der Rote Bete die Blätter etwa 2 cm über der Knolle abschneiden und in Salzwasser mit etwas Obstessig gar kochen. Die Schale vorsichtig abschaben und den Blattansatz sauber abschneiden. Die Rote Bete dann 24 Stunden im Rote-Bete-Kümmeljus marinieren.

2. Den Rote-Bete-Saft mit Zucker und Gewürzen aufkochen und ziehen lassen. Dann mit Pfeilwurzelmehl etwas binden, mit Apfelessig, Salz und Pfeffer würzig abschmecken und durch ein feines Sieb passieren.

3. Für das Rote-Bete-Püree: die Selleriewürfel in Salzwasser weich kochen und sehr gut ausdrücken. Den warmen Sellerie mit Rote Bete in einem Mixer mit der kalten Butter fein pürieren. Das Püree durch ein Passiersieb streichen, etwas Zitronensaft und Vitamin C zufügen und mit Salz würzig abschmecken. Zum Servieren in einen Spritzsack mit Plastiksterntülle füllen, in der Mikrowelle erhitzen und aufspritzen.

4. Die Butter bei Zimmertemperatur weich werden lassen und den Zucker unterrühren. Dann den Orangensaft zufügen und zum Schluss das Mehl. Die Masse an einem kühlen Ort eine Stunde ruhen lassen. Danach dünn auf eine Silikon-Backmatte aufstreichen und nach Geschmack mit Fleur de Sel und den Brennnesselsamen bestreuen. Bei 180 °C etwa 3 Minuten backen, bis der Krokant eine goldbraune Farbe hat. Den Krokant aus dem Ofen nehmen und nach Bedarf in Stücke brechen.

5. Den Sauerrahm mit Kümmel, Salz und Pfeffer abschmecken. Die Rote Bete im Kümmeljus leicht erwärmen. Jeweils einen Streifen Rote-Bete-Püree auf ovale Teller aufspritzen. Die Rote-Bete-Knollen darauf der Reihe nach platzieren. Auf die eine Längsseite einen Streifen Kümmel-Sauerrahm auftragen, auf die andere Seite einen Streifen Kümmeljus. Mit kleinen, jungen Brennnessel-Blättchen dekorieren und im letzten Moment die knusprigen Krokantstücke zwischen die Knollen stecken.

Steinpilze mit Cannelloni

und pochiertem Landei

Für 4 Personen

400 g Steinpilze, sauber gebürstet
etwas Olivenöl und Butter

Steinpilz-Cannelloni
250 g Toastbrotwürfel, trocken
100 ml Sahne
100 ml Milch
80 g Schalotten, gewürfelt
200 g Steinpilzwürfel
3 Eier
1 EL Schnittlauch, fein geschnitten
Salz und Pfeffer aus der Mühle
8 Nudelteigplatten 15 x 10 cm, mit Biss blanchiert (s. Rezept S. 68)
Eigelb zum Verschließen

Pochierte Landeier
4 Landeier aus Freilandhaltung

200 ml Steinpilzfumet
Schnittlauchhalme
etwas Meersalz

1. Die Steinpilze in Scheiben schneiden und die Abschnitte für die Cannellonifüllung würfeln. Die Steinpilzscheiben in Olivenöl und Butter anbraten und mit Salz, Pfeffer und Schnittlauch würzen.

2. Die Toastbrotwürfel mit Sahne und Milch einweichen. Die Schalottenwürfel mit den gewürfelten Steinpilzen anschwitzen und zufügen, ebenso die Eier und den fein geschnittenen Schnittlauch. Die Masse mit Salz und Pfeffer abschmecken. Die gegarten Nudelteigplatten auf hitzebeständige Frischhaltefolie auslegen, mit Eigelb bestreichen, die Steinpilzfüllung auftragen und dann straff in die Folie einwickeln. Nochmals in Alufolie wickeln und im Wasserbad bei 85 °C etwa 8 Minuten pochieren.

3. Die Eier können in zwei Möglichkeiten pochiert werden. Zum einen die Eier aus der Schale in vier kalte Tassen trennen. Ein Topf mit Wasser und einem Spritzer Essig siedend erhitzen, mit einem Schneebesen im Kreis kräftig rühren, so dass ein Wirbel entsteht, jetzt schnell die Eier nacheinander hineingeben, so bekommt das Ei wieder die Eiform. Nach knapp 4 Minuten die Eier vorsichtig aus dem Wasser nehmen. Die zweite Möglichkeit wäre, die Eier bei 65 °C etwa 50 Minuten in der Schale zu pochieren. Dann vorsichtig aufschlagen und die gegarten Eier mit warmem Wasser abspülen. Durch diese Garung erhalten die Eier eine besondere Konsistenz und ein sehr cremiges Dotter.

4. Die Cannelloni aus der Folie wickeln und mit den Steinpilzscheiben auf heiße Teller anrichten. Die pochierten Eier in der Mitte platzieren und mit etwas Steinpilzmehl, Kräutern und Maldon Sea Salt würzen. Den Steinpilzfumet aufmixen und angießen. Die Schnittlauchhalme dekorativ anlegen und servieren.

Tipp

Für die Zubereitung von gestreiftem Nudelteig: Hellen Nudelteig (siehe Rezept S. 68) dünn ausrollen. Fein geschnittene schwarze Nudelstreifen im Abstand auflegen und mit einem Wellholz gut andrücken. Nochmals durch die Maschine walzen und für die Steinpilz-Cannelloni weiter verarbeiten.

Desserts

Buttermilchcreme mit Walderdbeeren
Gebrannte Quark-Vanillecreme
Schokoladenauflauf
Armer Ritter
Duo von Ziegenkäse mit Holunder-Senfeis
Milchschokoladenschnitte

Buttermilchcreme mit Walderdbeeren

mit Moscatogelee und Erdbeersorbet

Für 4 Personen

Buttermilchcreme
125 g Buttermilch
1 Eigelb
35 g Zucker
15 g Limettensaft
15 g Grand Marnier
1,5 Bl Gelatine
125 g Sahne, geschlagen

Moscatogelee
125 g Moscato d'Asti
20 g Zucker
½ Bl Gelatine
1 Msp Waldmeisterpulver

Erdbeersorbet
250 g Erdbeerpüree
25 g Glukose
65 g Zucker
45 g Wasser

Schokoladenspitzen
Waldmeisterblättchen

1. Für die Buttermilchcreme: Eigelb mit Zucker über Wasserdampf schaumig rühren, Limettensaft und Grand Marnier aufwärmen, die eingeweichte Gelatine darin auflösen und zur Eigelbmasse geben. Mit der Buttermilch verrühren und die geschlagene Sahne unterheben. Die cremige Masse in Gläser füllen und kalt stellen.

2. Für das Moscatogelee: Moscato mit Zucker aufkochen und die eingeweichte Gelatine darin auflösen. Dann 24 Stunden kalt stellen und kurz vor dem Servieren mit einer Gabel etwas aufrühren.

3. Wasser, Glukose und Zucker aufkochen und mit dem Püree mixen. Etwa 10 Minuten ziehen lassen, durch ein Sieb passieren und gefrieren.

4. Die Walderdbeeren mit einer Messerspitze Waldmeisterpulver unterheben und in die Gläser auf die Buttermilchcreme verteilen. Je eine Nocke Sorbet darauf platzieren und mit Schokoladenspitzen und Waldmeister dekorieren.

Gebrannte Quark-Vanillecreme

auf Kompott von Zitrusfrüchten mit weißem Kaffeeparfait

1. Für das Kompott von Zitrusfrüchten die Orangen und die Grapefruits schälen, filetieren und abtropfen lassen, den Saft aufbewahren. Die Kumquats im Ganzen dreimal in kochendem Wasser für einigen Minuten blanchieren, das Wasser jeweils wechseln, damit die Bitterstoffe entfernt werden, dann die Früchte halbieren, die Kerne entfernen und in Streifen schneiden. Den Zitrussaft mit dem Moscato d'Asti und der ausgeschabten Vanilleschote aufkochen. Pektin und Zucker vermischen, zufügen und ein paar Minuten mitkochen, bis die Mischung bindet, etwas abkühlen lassen, dann die Zitrusfrüchte und den Estragon unterheben, in Gläser einfüllen und kalt stellen.

2. Das Eigelb, Zucker, Rum und Vanillezucker über Wasserdampf schaumig aufschlagen, die aufgelöste Gelatine zufügen und wieder kalt schlagen. Den Quark unter die Eigelbmasse rühren. Dann das Eiweiß mit Zucker zu Schnee schlagen und unter die Masse heben, ebenso die geschlagene Sahne. Die Creme auf das Zitrusfrüchtekompott in die Gläser füllen und etwa 3 Stunden kühl stellen.

3. Die Sahne auf etwa 60 °C erwärmen. Mit den Kaffeebohnen vermischen und danach mindestens 24 Stunden im Kühlschrank ziehen lassen. Durch ein feines Sieb passieren, 250 g Mokkasahne abwiegen und aufschlagen. Das Eigelb aufschlagen. Zucker mit 40 ml Wasser bis 118 °C kochen und unter das geschlagene Eigelb rühren. Die eingeweichte und ausgedrückte Gelatine zufügen und die Masse kalt rühren. Die aufgeschlagene Mokkasahne unterheben und sofort in Halbkugeln abfüllen. Einfrieren lassen und stürzen. Die Zubereitung mit den übrig gebliebenen Zutaten wiederholen und auf die frisch eingefüllten Halbkugeln die gefrorenen Hälfte aufsetzen. Die Kugeln wieder gefrieren. Kurz vor dem Servieren in Krokantgrieß wälzen.

4. Die Creme zum Servieren mit Rohrzucker bestreuen, mit einer Lötlampe karamellisieren und sofort mit dem Parfait servieren.

Für 4 Personen
Gefrierzeit: 24 Stunden

Zitrusfrüchte-Kompott
2 Grapefruits
2 Orangen
100 g Kumquats
12 dl Moscato d'Asti/3g Pektin
Vanilleschote
50 g Zucker
5 g Pektin
½ TL fein geschnittenen Estragon

Quark-Vanillecreme
125 g Quark, 40% Fett
1 Eigelb
20 g Zucker
½ Prise Vanillezucker
1 Eiweiß
15 g Zucker
1 Bl Gelatine
2 cl Rum
80 g Sahne, geschlagen

Weißes Mokkaparfait
400 g Sahne
100 g Kaffeebohnen
100 g Eigelb
120 g Zucker
250 g Kaffeesahne, geschlagen
2 Bl. Gelatine
Krokantgrieß
Rohrzucker

Nach Belieben mit Mangotörtchen-Ecken servieren

Schokoladenauflauf

mit Gewürzkirschen und Tonkabohneneis

Für 4 Personen

Schokoladenauflauf
1 Ei
1 Eigelb
10 g Zucker
75 g Butter
75 g Bitterschokolade
20 g Mehl

Tonkabohneneis
120 ml Milch
120 ml Sahne
60 g Zucker
4 Eigelbe
2 Tonkabohnen, fein gemahlen

Gewürzkirschen
250 g Sauerkirschen
(frisch entkernt oder TK)
100 ml Portwein
100 ml Rotwein Dornfelder
200 ml Kirschsaft
1 Nelke
1 Zimtstange
1 Vanilleschote, das Mark
2 Sternanis
1 Lorbeerblatt
30 ml Kirschwasser
10 g Speisestärke

1. Für den Schokoladenauflauf fünf Aluringe von 6 cm Durchmesser mit Butter einpinseln und mit Mehl einpudern. Die Ringe auf ein Backblech mit Backpapier setzen. Das Ei und Eigelb mit Zucker fest aufschlagen. Die Butter mit der Schokolade im Wasserbad schmelzen und das gesiebte Mehl unterrühren und etwas abkühlen lassen. Dann die Eiermasse gut unterheben und sofort die Ringe halb füllen und auf 200 °C im Ofen 8 Minuten backen und 3 Minuten ruhen lassen. Die gefüllten Ringe können auch abgedeckt 3 bis 4 Stunden im Kühlschrank aufbewahrt werden.

2. Die Milch, Sahne, Tonkabohnen und einen Teil des Zuckers aufkochen. Anschließend die Eigelbe mit dem restlichen Zucker schaumig schlagen und mit der aufgekochten Sahne-Milchmischung zur Rose abziehen, so dass die Masse eine leichte Bindung erhält. Etwas abkühlen lassen und in einer Eismaschine gefrieren.

3. Den Portwein stark reduzieren, Rotwein zufügen und ebenso reduzieren. Den Kirschsaft und die Gewürze dazugeben, aufkochen und 5 Minuten köcheln lassen. Mit angerührtem Mondamin fast dickflüssig binden und durch ein feines Sieb passieren. Die Kirschen dazugeben und etwa 1 Minute köcheln. Zum Schluss Kirschwasser zufügen und zur Seite stellen. Die Kirschen sollten mit Zimmertemperatur serviert werden.

4. Vom Schokoladenauflauf vorsichtig die Ringe entfernen und die Aufläufe auf die Teller setzen. Die Gewürzkirschen verteilen und jeweils eine Nocke Tonkabohneneis anlegen. Nach Belieben mit Fruchtsaucen dekorieren.

Armer Ritter

mit Erdbeer-Basilikumsalat und Vanillesauce

Für 4–6 Personen
Brioche: Vorbereitung am Vortag

Brioche
300 g Mehl
7 g Salz
25 g Zucker
12 g Hefe
50 g Milch
2 Eier
1 Eigelb
125 g Butter

Orangenblütensirup
150 g Wasser
225 g Zucker
15 g Orangenblütenwasser

Mandelcreme
60 g Butter
60 g Zucker
60 g Mandelgrieß
1 Ei
5 g Brauner Rum
Mandelblättchen zur Dekoration

Erdbeer-Basilikum-Salat
500 g Erdbeeren
½ Zitrone als Saft
1 EL Grand Marnier
40 g Zucker
4-6 Basilikumblätter

12 Erdbeer-Pilze mit Meringue

Vanillesauce
125 g Milch
125 g Sahne
½ Vanillestange
50 g Zucker
3 Eigelbe

Erdbeerpüree

1. Die Hefe in einer Schüssel zerbröckeln. Mit Mehl, Salz und Zucker vermischen. Nach und nach Milch, Eier und Eigelb dazugeben und so lange kneten, bis der Teig nicht mehr klebt. Die Butter in Würfel schneiden, nach und nach zum Teig geben und kneten, bis der Teig sich von der Schüssel löst. Mit einem feuchten Tuch abdecken und an einem warmen Ort gehen lassen. Wenn der Teig sein Volumen verdoppelt hat, wieder zusammenkneten und in eine gebutterte Kastenform setzen, darin noch mal gehen lassen. Wenn der Teig sein Volumen wieder verdoppelt hat, bei 180 °C in den Ofen schieben. Ein Glas Wasser auf den heißen Ofenboden gießen, um Dampf zu erzeugen und sofort die Tür schließen. Nach 15 Minuten die Tür kurz aufmachen, dann wieder schließen und noch 10 Minuten weiterbacken. Die Brioche auf einem Kuchengitter abkühlen lassen. Die kalte Brioche in Alufolie einpacken und im Kühlschrank aufbewahren.

2. Orangenblütensirup: Wasser und Zucker aufkochen und mit Orangenblütenwasser parfümieren. Butter und Zucker schaumig rühren, mit Mandelgrieß vermischen und mit Ei und Rum verrühren.

3. Ein Drittel der geputzten Erdbeeren pürieren und mit Grand Marnier, Zitronensaft und Zucker vermischen. Die restlichen Erdbeeren klein schneiden und mit zwei Esslöffel Erdbeerpüree vermischen. Basilikum fein schneiden und untermischen. Die Brioche in 2 cm dicke Scheiben schneiden und in den Orangenblütensirup tauchen, kurz abtropfen und auf Backpapier legen. Die Mandelcreme dünn aufstreichen und mit Mandelblättchen bedecken. Bei 230 °C im Ofen goldbraun backen. Als Dekoration passen Erdbeerpilze (Erdbeeren mit Meringue-Haube) und Vanillesauce mit Erdbeerpüree.

Vanillesauce: Milch, Sahne, ausgekratzte Vanillestange und die Hälfte des Zuckers aufkochen. Die Eigelbe und den restlichen Zucker schaumig rühren, die heiße Milch dazugeben, in den Topf zurück gießen und mit einem Rührlöffel unter ständigem Rühren bis zur Rose abziehen (die richtige Konsistenz durch leises Pusten auf den Rücken des Rührlöffels testen, wenn sich dabei die Oberansicht einer Rose zeigt, ist die richtige Konsistenz erreicht). Durch ein Sieb in eine Schüssel im Eiswasserbad passieren. Die Vanillesauce im Kühlschrank aufbewahren.

Duo von Ziegenkäse mit Holunder-Senfsorbet

mit salzigem Sesam-Krokant

Für 4 Personen

160 g Ziegenkäserolle, leicht gereift
2 EL Pistazien, gehackt
2 EL Pistazien- oder Nussöl

Ziegen-Quarkmousse
25 g Ziegenquark
Eigelb
5 g Honig
10 g Noilly Prat
1 ½ Bl Gelatine
100 g Sahne, geschlagen
1 Pr Salz
1 Pr Szechuanpfeffer

Sesam-Krokant
50 g Butter
50 g Zucker, weiß
50 g Zucker, braun
50 g Orangensaft
35 g Mehl
Fleur de Sel
Sesam, weiß & schwarz

Holunderbeeren-Kompott
1 kg Holunderbeeren, entstielt
175 g Zucker, 15 g Pektin
500 ml Banyuls oder Portwein
500 ml Holundersaft, kalt gepresst und ungesüßt
1 Zimtstange, 2 Sternanis
2 Pimentkörner
2 Kardamomkapseln
2 Wacholderbeeren, 1 Macisblüte
½ Vanillestange
½ Orangenschale
Mondamin
Strohrum

Holunder-Senfsorbet
500 g Holunderbeeren-Püree
130 g Zucker
50 g Glukose
150 g Wasser
40 g violetter Traubensenf
Salz und Pfeffer

1. Die Ziegenkäserolle in vier gleiche Scheiben schneiden, mit Salz und Pfeffer würzen und mit den gehackten Pistazien bestreuen. Eigelb mit Honig und Noilly Prat auf heißem Wasserdampf aufschlagen, die eingeweichte Gelatine zufügen und kaltschlagen. Den Ziegenquark unterrühren, mit Salz und Pfeffer abschmecken, die geschlagene Sahne unterheben. Das Mousse in ein kleines Randblech von 2 cm Höhe füllen und kalt stellen. Das Mousse in Viereckstücke von 3 x 3 cm schneiden.

2. Die Butter bei Zimmertemperatur weich werden lassen und den Zucker unterrühren. Orangensaft und Mehl zufügen. Die Masse an einem kühlen Ort eine Stunde ruhen lassen, danach dünn auf eine Silikon-Backmatte aufstreichen und nach Geschmack mit Fleur de Sel weißem und schwarzem Sesam bestreuen. Bei 180 °C etwa 4 Minuten backen, bis der Krokant eine goldbraune Farbe hat. Den Krokant aus dem Ofen nehmen und in Vierecke von 3 x 3 cm schneiden.

3. Holunder-Kompott (ergibt 10 Gläser a 200 ml): den Zucker mit Pektin vermischen, mit Banyuls, Holundersaft und den Gewürzen aufkochen lassen und eine halbe Stunde ziehen lassen. Die entstielten Holunderbeeren auf zehn Weckgläser von 200 ml verteilen und den heißen, passierten Holunderfond darauf gießen. Mit Strohrum beträufeln, anzünden und die Gläser sofort verschließen, danach bei 85 °C etwa 15 Minuten sterilisieren. Das Kompott sollte kühl und dunkel gelagert werden, dann ist es einige Monate haltbar.

4. Zucker mit Glukose und Wasser aufkochen und mit dem Holunderbeerenpüree verrühren. Mit violettem Senf, Salz und Pfeffer abschmecken und gefrieren. Wenn keine Glukose zu bekommen ist, sollte man den Zuckeranteil auf 180 g erhöhen.

5. Die Ziegenkäsescheiben auf eine Platte legen, mit Pistazienöl beträufeln und im Backofen nur mit Oberhitze 2 Min. leicht überbacken. Ziegenkäse auf Tellern anrichten. Links und rechts je einen Ziegenquarkwürfel platzieren und eine Sesam-Krokantscheibe auflegen. In die Zwischenräume kleine Nocken Holunder-Senfsorbet anrichten, mit Holunderbeeren-Kompott und einigen Tropfen Balsamico dekorieren.

Milchschokoladenschnitte

mit wilden Brombeeren und Brombeerschaum

Für 4 Personen

Honigkuchen
250 g Weizenmehl
250 g Roggenmehl
15 g Backpulver
2 g Zimtpulver
2 g Salz
500 g Akazienhonig
300 g Wasser
50 g Rum

Fondant von Milchschokolade
110 g Sahne
85 g Milchschokolade (40%)
85 g Bitterschokolade (55%)
2 Eigelb
35 g Zucker
110 g Sahne, geschlagen

Brombeerschaum
2 dl Brombeersaft, gesüßt
2 cl Drambuie
1 g Lecithin

250 g Brombeeren, wild gesammelt
Brombeerpüree
Schokoladenstab
etwas Süßdolde (Myrrhenkerbel)

1. Honigkuchen: Mehl, Roggenmehl, Backpulver, Zimt und Salz vermischen. Den Honig in lauwarmem Wasser auflösen, den Rum zufügen und mit der Mehlmischung verkneten. Eine Kastenform fetten, mit Backpapier auskleiden und den Teig einfüllen. Den Honigkuchen bei 160 °C etwa 60 bis 75 Minuten backen. Dann auskühlen lassen und für den Boden der Schokoladenschnitte aufschneiden. Wem der Aufwand für selbst gebackenen Honigkuchen zu groß ist, kann natürlich auch fertigen Honigkuchen verwenden.

2. Fondant von Milchschokolade: Sahne aufkochen und auf die gehackte Kuvertüre gießen. Eigelb mit Zucker über Wasserdampf schaumig schlagen und dann kaltschlagen. Eigelbmasse unter die Kuvertüre-Sahnemischung heben, diese auf Zimmertemperatur abkühlen und dann die geschlagene Sahne unterheben. Sofort in eine Rahmenform mit dem Honigkuchenboden abfüllen.

3. Anrichten: Die Schokoladenschnitte mit einem heißen, scharfen Messer in Riegel schneiden. Die Brombeeren mit Brombeerpüree und Whiskylikör marinieren und auf den Riegel anrichten. Mit Brombeerpüree, Schokoladenstab und einem Blättchen Süßdolde dekorieren.

REGISTER

REGISTER

Impressum

Dieter Müller & Nils Henkel
2007 © Bibliothek der Köche für die Süddeutsche Zeitung Edition,
Süddeutsche Zeitung GmbH, München

Fotografie: Bernd Grundmann, (Bild S. 30: Eberhard Wolf)
Texte: Ingo Swoboda
Rezepte: Dieter Müller, Nils Henkel
Art Director: Eberhard Wolf
Grafik: Julia Wolf
Konzept: Jürgen Welte, Collection Rolf Heyne, München
Projektmanagement: Gabriella Hoffmann
Projektleitung: Dirk Rumberg

Litho: JournalMedia GmbH, München
Herstellung: Hermann Weixler, Thekla Neseker
Druck und Bindung: Holzhausen Druck & Medien GmbH, Wien

Printed in Austria
ISBN: 978-3-86615-551-0